# 新款
# 柴油发动机
## 维修数据速查
(2012~2018年)

罗永志 等编著

化学工业出版社

·北京·

本书主要介绍市面上的主流车系和车型的不同型号新款柴油发动机（2012～2018年）的常用维修数据，如发动机的气缸参数、机油加注量、扭矩规格、机油机滤的更换、关键部件的拆装等。涵盖宝马、奔驰、奥迪、路虎、吉利、三菱、江铃、大众、长城等各大车系的新型柴油发动机。

本书资料新颖全面、数据准确可靠、实用便查、易于理解，适合汽车维修技术人员使用，也可供相关院校汽车、机械、机电相关专业师生参考。

#### 图书在版编目（CIP）数据

新款柴油发动机维修数据速查：2012～2018年/罗永志等编著．—北京：化学工业出版社，2019.4
ISBN 978-7-122-33918-8

Ⅰ.①新… Ⅱ.①罗… Ⅲ.①汽车-柴油机-车辆修理
Ⅳ.①U472.43

中国版本图书馆CIP数据核字（2019）第029799号

| | | | |
|---|---|---|---|
| 责任编辑：黄　滢 | | 文字编辑：冯国庆 | |
| 责任校对：宋　玮 | | 装帧设计：王晓宇 | |

出版发行：化学工业出版社（北京市东城区青年湖南街13号　邮政编码100011）
印　　刷：三河市航远印刷有限公司
装　　订：三河市宇新装订厂

787mm×1092mm　1/16　印张13¼　字数358千字　2019年5月北京第1版第1次印刷

购书咨询：010-64518888　　　　　　　　售后服务：010-64518899
网　　址：http://www.cip.com.cn

凡购买本书，如有缺损质量问题，本社销售中心负责调换。

定　　价：88.00元　　　　　　　　　　　　　　　　　　版权所有　违者必究

# 前言 PREFACE

　　发动机是汽车的核心部件，堪称汽车的"心脏"。由于汽车发动机本身结构复杂，技术含量高，涉及参数多而复杂，是汽车维修工作的难点和重中之重。因此汽车维修人员在日常工作中经常需要查阅大量的发动机维修相关数据。由此可见，以速查、便查为特色的维修资料类书籍是这些读者的现实需求，有利于提高他们的日常工作效率。鉴于此，我们编写了本书。

　　本书按市面上的主流车系和车型进行分类，以常见车型为主，重点介绍这些车系和车型的不同型号新款柴油发动机（2012~2018年）的常用维修数据，如发动机的气缸参数、机油加注量、扭矩规格、机油机滤的更换、关键部件的拆装等。涵盖宝马、奔驰、奥迪、路虎、吉利、三菱、江铃、大众、长城等各大车系的新型柴油发动机。

　　本书所搜集的资料新颖全面、准确可靠。全书数据均以表格形式给出，部分涉及操作的内容还给出了规范的操作步骤图，简明清晰、实用便查、易于理解。

　　本书由罗永志、顾惠烽、冼绕泉、陈豪、杨沛洪、彭川、李浪、李志松、杨志平、卢世勇、黄俊飞、刘晓明、陈志雄、李金胜、冼志华、何志贤、杨立、钟民安、郑启森、潘平生、冼锦贤、孙立聪、黄木带编著。在编写过程中参考了部分厂家的原车维修资料，在此一并表示感谢！

　　由于笔者水平有限，书中不妥之处在所难免，敬请广大读者批评指正。

编著者

# 目 录
CONTENTS

**第一章　宝马车系 / 1**
　　第一节　B37C15 发动机 / 1
　　第二节　B47D20 发动机 / 18
　　第三节　B57D30 发动机 / 34
　　第四节　N47D20 发动机 / 38
　　第五节　N57D30 发动机 / 61

**第二章　奔驰车系 / 72**
　　第一节　OM642 发动机 / 72
　　第二节　OM651 发动机 / 75
　　第三节　OM654 发动机 / 77

**第三章　奥迪车系 / 79**
　　第一节　2.0L（CSUD） EA288 发动机 / 79
　　第二节　3.0L（CZVA） EA897 发动机 / 86
　　第三节　4.2L（CTEC）发动机 / 95

**第四章　路虎车系 / 103**
　　第一节　2.0L 发动机 INGENIUM I4 / 103
　　第二节　2.2L TD4 发动机 / 119
　　第三节　2.4L ID4 发动机 / 127
　　第四节　2.7L TDV6 发动机 / 136
　　第五节　3.6L TDV8 发动机 / 144
　　第六节　4.4L TDV8 发动机 / 159

**第五章　吉利车系　[2.5L（R2516C）发动机] / 165**

**第六章　三菱车系　[2.2L（4N14）发动机] / 170**

**第七章　江铃车系　[2.4L（JX4D24D4L）发动机] / 177**

**第八章　大众车系 / 183**
　　第一节　1.6L（CAYC）发动机 / 183
　　第二节　2.0L（CFFB）发动机 / 193

**第九章　长城车系 / 200**
　　第一节　2.0L（GW4D20B）发动机 / 200
　　第二节　2.8L（GW2.8TC-2）发动机 / 206

# 第一章 宝马车系

## 第一节 B37C15 发动机

### 一、机油加注

① 更换机油时含机油滤清器滤芯的加注量为 4.4L。
② 放油螺栓力矩为 25N·m。
③ 机油滤清器盖安装力矩为 25N·m。

### 二、更换机油机滤（表 1-1）

表 1-1 更换机油机滤

| 序号 | 项目 | 内容 |
|---|---|---|
| 1 | 需要的准备工作 | 打开油管接头密封盖 |
| 2 | | 打开机组防护板中的维修盖板 |
| 3 | 排放机油 | 松开放油螺塞 1，排放发动机机油，让机油滴完 |
| 4 | | 松开六角段 2 处的放油螺塞 1，让机油滴完 |

| 序号 | 项目 | 内容 |
|---|---|---|
| 5 | 排放机油 | 在六角段 2 上松开机油滤清器盖 1 |
| 6 | | 检查单向阀 1 的灵活性 |
| 7 | 安装机油滤清器及加注机油 | 更换机油滤清器 1<br>零件:机油滤清器 1<br>注意:应听到机油滤清器 1 的卡止声<br>更新 O 形环 2 并用机油上油<br>零件:O 形环 2 |
| 8 | | 更新螺栓及 O 形环 1<br>零件:螺栓及 O 形环 1<br>在 O 形环 1 上涂机油浸润 |
| 9 | | 装配前,务必用原装 BMW 制动器清洁剂(零件号码:83 19 2 365 214)清洁螺纹 1<br>螺纹上不得残留任何机油<br>注意:<br>①有损坏危险<br>②弹性体(O 形环)禁止与制动器清洁剂接触 |

续表

| 序号 | 项目 | 内容 |
|---|---|---|
| 9 | 安装机油滤清器及加注机油 | ③必须让制动器清洁剂完全风干，必要时用压缩空气吹干 |
| 10 | | 接合放油螺塞1 |
| 11 | | 安装机油滤清器盖1，并在六角段2处拧紧 |
| 12 | | 拧紧六角段2处的放油螺塞1 |
| 13 | | 更新放油螺塞的密封环<br>零件：密封环<br>拧紧放油螺塞至25N·m |

## 三、发动机螺栓力矩（表1-2）

表1-2 发动机螺栓力矩

| 序号 | 零部件 | 安装位置 | 安装力矩 |
|---|---|---|---|
| 1 | 发动机缸体 | 曲轴箱上的轴承盖（带肩螺钉）螺栓 | 第一级：接合力矩25N·m<br>第二级：接合力矩50N·m<br>第三级：顺时针旋转螺栓60°<br>第四级：顺时针旋转螺栓60° |
| | | 曲轴箱中的喷油嘴 | 8N·m |
| | | 张紧轨和导轨承载轴销 | 20N·m |

续表

| 序号 | 零部件 | 安装位置 | 安装力矩 |
|---|---|---|---|
| 1 | 发动机缸体 | 水箱射流嘴安装到曲轴箱上 | 10N·m |
| | | 电磁阀安装到发动机缸体上 | 8N·m |
| 2 | 气缸盖 | 气缸盖螺栓 | 第一级：接合力矩50N·m<br>第二级：接合力矩70N·m<br>第三级：松开所有螺栓180°<br>第四级：顺时针旋转螺栓120°<br>第五级，顺时针旋转螺栓120°<br>第六级，顺时针旋转螺栓120° |
| | | 气缸盖螺栓安装到正时齿轮箱盖上 | 22N·m |
| | | 气缸盖罩安装到气缸盖上 | 10N·m |
| | | 固定吊环安装到气缸盖上 | 22N·m |
| | | 链条张紧器安装到气缸盖上 | 70N·m |
| 3 | 油底壳 | 放油螺塞 | 25N·m |
| | | 曲轴箱上的油底壳螺栓 | 24N·m |
| 4 | 壳体盖 | 链轮箱盖安装到后部曲轴箱上 | 第一级：接合力矩8N·m<br>第二级：顺时针旋转螺栓90° |
| | | 放油螺塞拧紧到正时齿轮箱盖上 | 20N·m |
| 5 | 曲轴 | 平衡轴上的齿轮 | 第一级：接合力矩20N·m<br>第二级：顺时针旋转螺栓60° |
| | | 曲轴上的信号齿轮 | 第一级：接合力矩5N·m<br>第二级：顺时针旋转螺栓45° |
| 6 | 飞轮 | 飞轮安装到曲轴上 | 120N·m |
| 7 | 减振器 | 曲轴上带皮带轮的减振器 | 第一级：接合力矩40N·m<br>第二级：顺时针旋转螺栓120° |
| 8 | 传动带及传动带张紧器和导向件 | 传动带张紧器与换向滚子安装到曲轴箱上 | 45N·m |
| | | 导向件安装到曲轴箱上 | 45N·m |
| | | 夹紧装置及换向滚子安装到发电机上 | 28N·m |
| 9 | 油泵及滤网和电动机 | 吸油管安装到油泵上 | 8N·m |
| | | 带机油泵的油泵安装到曲轴箱上 | 19N·m |
| | | 机油泵中央螺栓连接 | 第一级：接合力矩35N·m<br>第二级：松开螺栓180°<br>第三级：接合力矩15N·m<br>第四级：顺时针旋转螺栓45° |
| 10 | 机油滤清器和管道 | 机油滤清器盖 | 25N·m |
| | | 曲轴箱上的废气涡轮增压器油管（始流） | 8N·m |
| | | 曲轴箱上的废气涡轮增压器油管（回流） | 8N·m |
| | | 油管安装到废气涡轮增压器（回流管路）上 | 8N·m |
| | | 废气涡轮增压器上的油管（始流） | 8N·m |
| | | 机油滤清器盖上的放油螺栓 | 5N·m |

续表

| 序号 | 零部件 | 安装位置 | 安装力矩 |
|---|---|---|---|
| 10 | 机油滤清器和管道 | 主油路机油滤清器上的气缸曲轴箱 | 第一级:接合力矩 8N·m<br>第二级:接合力矩 8N·m |
| | | 主油路机油滤清器上的油-水-热交换器 | 10N·m |
| 11 | 冷却液泵 | 水箱射流嘴安装到曲轴箱上 | 10N·m |
| | | 冷却液泵安装到冷却液泵壳体/机组支架上 | 10N·m |
| | | 冷却液泵壳体/机组支架安装到曲轴箱上 | 19N·m |
| | | 冷却液泵壳体/机组支架安装到曲轴箱上 | 33N·m |
| 12 | 风扇 | 水泵上的风扇离合器(左旋螺纹锁紧螺母) | 40N·m |
| | | 风扇离合器上的风扇 | 10N·m |
| 13 | 带调节装置的增压装置 | 排气歧管安装到废气涡轮增压器上(D80 V形带箍) | 13N·m |
| | | 废气涡轮增压器安装到支撑架上 | 22N·m |
| 14 | 进气歧管 | 进气歧管安装到气缸盖上 | M8:22N·m<br>M7:15N·m<br>M6:10N·m |
| | | 吸音罩安装到支架上 | 8N·m |
| | | 节气门安装到进气歧管上 | 8N·m |
| 15 | 进气集气箱 | 进气模块安装到气缸盖上 | 10N·m |
| | | 废气再循环上的进气模块 | 10N·m |
| | | 进气模块中的增压压力传感器 | 10N·m |
| 16 | 凸轮轴 | 链轮固定在已安装的凸轮轴上 | 17N·m |
| | | 凸轮轴架梁安装到气缸盖上 | 15N·m |
| 17 | 连杆 | 连杆螺栓 | 第一级:接合力矩 5N·m<br>第二级:接合力矩 20N·m<br>第三级:顺时针旋转螺栓 70° |

## 四、发动机零部件拆装(表1-3~表1-6)

**表1-3 发动机平衡轴拆卸和安装**

| 序号 | 项目 | 内容 |
|---|---|---|
| 1 | 需要的准备工作 | 拆卸发动机及变速箱 |
| | | 拆下变速箱 |
| | | 将发动机安装到装配架上 |
| | | 拆下气缸盖 |
| | | 拆下飞轮 |
| | | 拆下油底壳 |
| | | 拆卸后部正时齿轮箱盖 |
| | | 拆下扭振减振器 |
| | | 拆下传动带张紧器 |
| | | 拆卸前下部正时齿轮箱盖 |

续表

| 序号 | 项目 | 内容 |
|---|---|---|
| 2 | | 用专用工具 2 288 942 将平衡轴固定在第 1 缸上止点位置<br>将专用工具 2 288 942 用螺栓 1 固定在曲轴箱上  |
| 3 | | 用专用工具 11 5 370 使齿轮的齿圈在图示位置卡住  |
| 4 | 拆卸平衡轴 | 提示:固定平衡轴时,曲轴和平衡轴齿轮标记必须对齐。<br>松开螺栓 1  |
| 5 | | 松开专用工具 2 288 942 上的螺栓连接 1<br>拆下专用工具 2 288 942  |
| 6 | | 将专用工具 2 288 943 旋入平衡轴直至极限位置  |

续表

| 序号 | 项目 | 内容 |
|---|---|---|
| 7 | | 通过锤击专用工具 2 288 943,将平衡轴从齿轮 1 上松开<br>去除专用工具 2 288 943<br>提示:如有必要,需固定平衡轴,以防脱落 |
| 8 | | 沿箭头方向拆卸平衡轴 1<br>提示:如有必要,需固定平衡轴的齿轮,以防脱落 |
| 9 | 拆卸平衡轴 | 沿箭头方向拆下平衡轴的齿轮 |
| 10 | | 注意:如果齿轮还需重新安装,则齿圈在安装前必须用专用工具 11 5 370 保持卡住 |
| 11 | 安装平衡轴 | 注意:如果安装新的齿轮,则在安装前必须用厂方设定的固定装置 1 保持齿圈卡住 |

续表

| 序号 | 项目 | 内容 |
| --- | --- | --- |
| 12 | | 检查平衡轴的滚针轴承1<br>如有必要,可将滚针轴承1从平衡轴上拔下并更换 |
| 13 | | 提示:将齿轮通过导向环1插入曲轴箱2 |
| 14 | 安装平衡轴 | 注意:平衡轴齿轮1和曲轴2的标记必须对齐 |
| 15 | | 将平衡轴齿轮1装入曲轴箱导向件2<br>提示:如有必要,需固定平衡轴的齿轮1,以防脱落 |
| 16 | | 沿箭头方向将平衡轴1装入曲轴箱 |

续表

| 序号 | 项目 | 内容 |
| --- | --- | --- |
| 17 | | 注意：<br>平衡轴1在齿轮2中只能在一个位置上安装<br>注意设码3 |
| 18 | | 将平衡轴1在齿轮2内拧紧 |
| 19 | 安装平衡轴 | 装入并拧紧螺栓1 |
| 20 | | 用专用工具2 288 942将平衡轴固定在第1缸上止点位置<br>将专用工具2 288 942用螺栓固定在曲轴箱上 |
| 21 | | 拧紧螺栓1，第一级紧固20N·m，第二级顺时针旋转60° |
| 22 | | 去除专用工具11 5 370 |
| 23 | | 松开专用工具2 288 942上的螺栓连接<br>拆下专用工具2 288 942 |

| 序号 | 项目 | 内容 |
|---|---|---|
| 24 | 所需的修整 | 安装前下部正时齿轮箱盖<br>安装传动带张紧器<br>安装减振器<br>安装后部正时齿轮箱盖<br>安装油底壳<br>安装飞轮<br>安装气缸盖<br>从装配架上拆下发动机并放到升降台上<br>装上变速箱<br>安装发动机及变速箱 |

**表 1-4　发动机气缸盖拆卸和安装**

| 序号 | 项目 | 内容 |
|---|---|---|
| 1 | 需要的准备工作 | 拆卸右前轮罩盖<br>拆下废气涡轮增压器<br>拆下进油管<br>拆下柴油微粒过滤器<br>拆下废气再循环冷却器<br>拆卸气缸盖罩<br>拆下所有气门间隙补偿元件 |
| 2 | 拆卸气缸盖 | 解除联锁并拔下冷却液软管1<br>将冷却液管1从支架2上松脱 |
| 3 | 拆卸气缸盖 | 松开螺栓1<br>拆下隔热板2 |
| 4 | | 将专用工具 2 414 691 与专用工具 2 357 071 准备好<br>将专用工具 2 414 691 嵌入前桥架梁,将专用工具 2 357 071 正确对准油底壳下方并拧紧<br>均匀地向上旋转调整螺钉上的专用工具 2 414 691,直至专用工具 2 357 071 紧贴油底壳 |

续表

| 序号 | 项目 | 内容 |
|---|---|---|
| 4 | | 拧紧专用工具 2 414 691 和 2 357 071 的所有调整螺钉 |
| 5 | | 松开右侧发动机支架的螺栓连接 1 |
| 6 | 拆卸气缸盖 | 松开螺栓 1,从气缸盖上拆下支架 |
| 7 | | 松开螺栓 1 |
| 8 | | 按顺序 8~1 松开气缸盖螺栓 |

续表

| 序号 | 项目 | 内容 |
|---|---|---|
| 9 | | 注意:预热塞位于密封面上(箭头),在安装时可能受损<br>拆卸气缸盖 |
| 10 | 拆卸气缸盖 | 检查配合套1的损坏情况及安装位置是否正确<br>用专用工具 11 4 470 清洁气缸盖和曲轴箱上的密封面<br>注意:不得采用产生碎屑的工具(例如砂布)清洁密封面 |
| 11 | | 用工具套件 2 364 711 中的专用工具 B 将前部油道关闭<br>注意:不得采用切削工具(例如研磨带) |
| 12 | 安装气缸盖 | 安装说明:不进行会改变活塞伸出量的发动机缸体维修相关工作,使用密封厚度相同(孔数)的新气缸盖密封件1 |
| 13 | | 如果在曲轴连杆机构或活塞上执行了维修相关工作,必须重新计算密封厚度<br>测量活塞的伸出量:将千分表用专用工具 00 2 530 装到经过清洁的气缸密封面上。将预紧力下的千分表调到零 |

续表

| 序号 | 项目 | 内容 |
|---|---|---|
| 14 | | 清洁活塞上的测量点 1 和 2<br>将千分表装到经过清洁的活塞的测量点 1 和 2 上。旋转曲轴确定最高点测量并记录所有 3 个活塞在测量点 1 和 2 处的伸出量<br>安装说明：清洁气缸盖密封件 |
| 15 | | 将专用工具 00 2 530 与千分表 1 定位在气缸盖上<br>将千分表 1 调零 |
| 16 | 安装气缸盖 | 将专用工具 00 2 530 与千分表 1 定位在气门上，确定气门的缩进量 |
| 17 | | 注意：<br>①发动机缸体的所有螺纹孔中不允许有任何冷却液、水和机油<br>②更新气缸盖螺栓<br>③不要洗去螺栓涂层<br>④在螺栓头面上略微上油 |
| 18 | | 装上符合事先测定的密封厚度（孔数）的新气缸盖密封件<br>装上气缸盖，然后用新螺栓按 1～8 的顺序拧紧<br>第一级：接合力矩 50N·m<br>第二级：接合力矩 70N·m<br>第三级：松开所有螺栓 180°<br>第四级：顺时针旋转螺栓 120°<br>第五级：顺时针旋转螺栓 120°<br>第六级：顺时针旋转螺栓 120° |

续表

| 序号 | 项目 | 内容 |
|---|---|---|
| 19 | 安装气缸盖 | 用专用工具 00 9 120 固定气缸盖螺栓 1 |
| 20 | | 装入螺栓 1 并拧紧，接合力矩 22N·m |
| 21 | | 将支架安装到气缸盖上。拧紧螺栓 1，接合力矩 41N·m |
| 22 | | 将发动机支座与发动机支撑用螺栓 1 连接<br>第一级：接合力矩 50N·m<br>第二级：顺时针旋转 90° |
| 23 | | 拆卸专用工具 2 414 691 |

续表

| 序号 | 项目 | 内容 |
|---|---|---|
| 24 | 安装汽缸盖 | 安装排气管隔热板 |
| 25 | 所需的修整 | 安装所有气门间隙补偿元件<br>安装气缸盖罩<br>安装废气再循环冷却器<br>安装微粒过滤器<br>安装进油管<br>安装废气涡轮增压器<br>安装右前轮罩盖 |

表 1-5 更换连杆轴承

| 序号 | 项目 | 内容 |
|---|---|---|
| 1 | | 注意：<br>①连杆和连杆轴承盖的轴瓦是不同的<br>②深色连杆轴瓦必须安装在连杆中<br>③浅色连杆轴瓦必须安装在连杆轴承盖中<br>④更新连杆螺栓 |
| 2 | 拆卸连杆轴承 | 将连杆轴承 2 从连杆 1 上拆下 |
| 3 | | 将连杆轴承 2 从连杆轴承盖 1 上拆下 |
| 4 | 安装连杆轴承 | 注意：<br>①必须在装配前抽吸新连杆<br>②不可用压缩空气吹裂缝表面<br>用普通的吸尘器 2 抽吸裂缝表面 1 |
| 5 | | 每个连杆必须安装一个浅色连杆轴瓦 1 和一个深色连杆轴瓦 2 |

续表

| 序号 | 项目 | 内容 |
|---|---|---|
| 6 | 安装连杆轴承 | 清洁连杆 1 大头<br>将深色连杆轴瓦 2 插入连杆 1<br>给连杆轴瓦 2 上油 |

**表 1-6** 排气凸轮轴拆卸和安装

| 序号 | 项目 | 内容 |
|---|---|---|
| 1 | 需要的准备工作 | 拆下右前轮罩饰板<br>拆下气缸盖罩 |
| 2 | | 用专用工具 11 6 480 将发动机旋转到气缸 1 点火上止点位置<br>注意:发动机不得反转 |
| 3 | 拆卸排气凸轮轴 | 第一缸进气凸轮轴 E 的凸轮倾斜朝上<br>第一缸排气凸轮轴 A 的凸轮向左倾斜并指向外部 |
| 4 | | 检查排气及进气凸轮轴的位置 |

续表

| 序号 | 项目 | 内容 |
|---|---|---|
| 5 | 拆卸排气凸轮轴 | 从外向内,将凸轮轴承盖 A1～A4 松开 1/2 圈<br>向上抽出排气凸轮轴 |
| 6 | | 给所有轴承位置 1 涂机油 |
| 7 | 安装排气凸轮轴 | 检查凸轮推杆的安装位置 |
| 8 | | 安装说明:<br>①标记 A 必须指向上方<br>②将排气凸轮轴 1 装入 |
| 9 | | 在装入排气凸轮轴 A 时,两根凸轮轴 A 和 E 的标记必须一致 |

续表

| 序号 | 项目 | 内容 |
| --- | --- | --- |
| 10 | | 从内向外,将凸轮轴轴承盖螺栓拧紧1/2圈,紧固至10N·m |
| 11 | 安装排气凸轮轴 | 将发动机用专用工具11 6 480沿旋转方向转动两圈,直到第一缸重新处于气缸点火上止点<br>检查凸轮轴调整情况 |
| 12 | 所需的修整 | 安装气缸盖罩<br>安装右前轮罩饰板 |

## 第二节　B47D20 发动机

### 一、机油加注

① 更换机油时含机油滤清器滤芯的加注量为5L。
② 放油螺栓力矩为25N·m。
③ 机油滤清器盖安装力矩为25N·m。

### 二、更换机油机滤（表1-7）

表1-7　更换机油机滤

| 序号 | 项目 | 内容 |
| --- | --- | --- |
| 1 | | 松开机油滤清器盖1 |
| 2 | 排空机油 | 取出机油滤清器盖及滤芯1 |
| 3 | | 拆卸维修盖板1 |

续表

| 序号 | 项目 | 内容 |
|---|---|---|
| 4 | 排空机油 | 松开放油螺栓1,排放机油 |
| 5 | | 更换密封圈2,安装放油螺栓1至25N·m |
| 6 | 安装机油滤清器及加注机油 | 安装维修盖板 |
| 7 | | 更换机油滤芯1 |
| 8 | | 更换机油滤清器盖密封圈1 |
| 9 | | 安装机油滤清器到车上,注意机油滤清器壳2内的导向孔1 |
| 10 | | 拧紧机油滤清器至25N·m |
| 11 | | 加注5L机油 |

## 三、发动机螺栓力矩（表1-8）

表1-8 发动机螺栓力矩

| 序号 | 零部件 | 安装位置 | 安装力矩 |
|---|---|---|---|
| 1 | 发动机缸体 | 曲轴箱上的轴承盖(带肩螺钉)螺栓 | 第一级：接合力矩 25N·m<br>第二级：接合力矩 50N·m<br>第三级：顺时针旋转螺栓 60°<br>第四级：顺时针旋转螺栓 60° |
| | | 曲轴箱中的喷油嘴 | 10N·m |
| | | 张紧轨和导轨承载轴销 | 20N·m |
| | | 冷却液螺旋塞 | 30N·m |
| | | 电磁阀安装到发动机缸体上 | 8N·m |
| 2 | 气缸盖 | 气缸盖螺栓 | 第一级：接合力矩 50N·m<br>第二级：接合力矩 70N·m<br>第三级：松开所有螺栓 180°<br>第四级：顺时针旋转螺栓 120°<br>第五级：顺时针旋转螺栓 120°<br>第六级：顺时针旋转螺栓 120° |
| | | 气缸盖螺栓安装到正时齿轮箱盖上 | 22N·m |
| | | 气缸盖罩安装到气缸盖上 | 10N·m |
| | | 固定吊环安装到气缸盖上 | 22N·m |
| | | 链条张紧器安装到气缸盖上 | 70N·m |
| 3 | 油底壳 | 放油螺塞 | 25N·m |
| | | 曲轴箱上的油底壳螺栓 | 24N·m |
| 4 | 壳体盖 | 链轮箱盖安装到后部曲轴箱上 | 第一级：接合力矩 8N·m<br>第二级：顺时针旋转螺栓 90° |
| | | 间隔螺栓安装到机组支架上 | 6N·m |
| 5 | 曲轴 | 平衡轴上的齿轮 | 第一级：接合力矩 40N·m<br>第二级：顺时针旋转螺栓 70° |
| | | 曲轴上的信号齿轮 | 第一级：接合力矩 5N·m<br>第二级：顺时针旋转螺栓 45° |
| 6 | 飞轮 | 飞轮安装到曲轴上 | 120N·m |
| 7 | 减振器 | 曲轴上带皮带轮的减振器 | 第一级：接合力矩 40N·m<br>第二级：顺时针旋转螺栓 120° |
| 8 | 传动带及传动带张紧器和导向件 | 传动带张紧器与换向滚子安装到曲轴箱上 | 45N·m |
| | | 导向件安装到曲轴箱上 | 45N·m |
| 9 | 油泵及滤网和电动机 | 吸油管安装到油泵上 | 8N·m |
| | | 带机油泵的油泵安装到曲轴箱上 | 19N·m |

续表

| 序号 | 零部件 | 安装位置 | 安装力矩 |
|---|---|---|---|
| 9 | 油泵及滤网和电动机 | 机油泵中央螺栓连接 | 第一级：接合力矩 35N·m<br>第二级：松开螺栓 180°<br>第三级：接合力矩 15N·m<br>第四级：顺时针旋转螺栓 45° |
| 10 | 机油滤清器和管道 | 机油滤清器盖 | 25N·m |
| | | 机油滤清器盖安装到机油滤清器模块上 | 第一级：接合力矩 25N·m<br>第二级：顺时针松开螺栓 180°<br>第三级：接合力矩 25N·m |
| | | 进油管安装到曲轴箱上 | 10N·m |
| | | 机油回油管安装到曲轴箱上 | 10N·m |
| | | 机油回油管安装到废气涡轮增压器上 | 10N·m |
| | | 进油管安装到排气歧管（带防热保护）上 | 10N·m |
| | | 机油滤清器模块安装到曲轴箱上 | 第一级：接合力矩 8N·m<br>第二级：接合力矩 8N·m |
| | | 进油管安装到废气涡轮增压器上 | 10N·m |
| 11 | 冷却液泵 | 冷却液泵安装到机组支架上 | 10N·m |
| | | 水箱射流嘴安装到曲轴箱上 | 10N·m |
| | | 冷却液泵壳体/机组支架安装到曲轴箱上 | 19N·m |
| 12 | 风扇 | 水泵上的风扇离合器（左旋螺纹锁紧螺母） | 40N·m |
| | | 风扇离合器上的风扇 | 10N·m |
| 13 | 带调节装置的增压装置 | 调节装置安装到废气涡轮增压器上 | 20N·m |
| | | 废气涡轮增压器安装到支撑架上 | 22N·m |
| 14 | 凸轮轴 | 链轮固定在已安装的凸轮轴上 | 17N·m |
| | | 凸轮轴架梁安装到气缸盖上 | 15N·m |
| 15 | 连杆 | 连杆螺栓 | 第一级：接合力矩 5N·m<br>第二级：接合力矩 20N·m<br>第三级：旋转螺栓 70° |

## 四、发动机零部件拆装（表1-9～表1-13)

表1-9 发动机油底壳拆卸和安装

| 序号 | 项目 | 内容 |
|---|---|---|
| 1 | 需要的准备工作 | 断开蓄电池负极导线<br>降低前桥架梁<br>拆除下部隔音板<br>拆下油尺导向管<br>拆下起动机<br>排放机油 |

续表

| 序号 | 项目 | 内容 |
|---|---|---|
| 2 | 拆卸油底壳 | 松脱插头 1<br>将电缆夹子 2 从油底壳松开 |
| 3 | | 松开变速箱的螺栓 1 |
| 4 | | 将螺栓 1~7 从油底壳上松开 |
| 5 | | 将螺栓 1~7 从油底壳上松开 |
| 6 | | 将螺栓 1~3 从油底壳上松开 |

续表

| 序号 | 项目 | 内容 |
|---|---|---|
| 7 | 拆卸油底壳 | 将螺栓 1 和 2 从油底壳上松开 |
| 8 | 拆卸油底壳 | 注意:开口位于油底壳内的区域 1 只能松开油底壳 |
| 9 | 拆卸油底壳 | 使用撬棒 1 沿箭头方向从规定的位置松开油底壳 |
| 10 | 安装油底壳 | 用专用工具 11 4 472 清洁密封面 1 |
| 11 | 安装油底壳 | 用专用工具 11 4 471 清洁密封面 1 |

续表

| 序号 | 项目 | 内容 |
|---|---|---|
| 12 | 安装油底壳 | 注意：<br>①密封条1的走向应沿着内边缘<br>②必须将机油回油通道（箭头）完全包围<br>提示：<br>①油底壳必须在涂上密封剂约10min后安装<br>②密封剂高度为2~2.5mm |
| 13 | | 提示：<br>①在变速箱或发动机已拆下时才需要使用专用工具11 8 780<br>②用变速箱的星形头螺栓1定位专用工具11 8 780，使油底壳与发动机缸体准确对齐<br>③必要时更新配合套<br>④固定油底壳 |
| 14 | | 安装油底壳固定螺栓至24N·m |
| 15 | 所需的修整 | 安装油尺导向管<br>安装起动机<br>安装下隔音板<br>固定前桥架梁<br>连接蓄电池负极导线<br>加注机油<br>检查发动机的密封性 |

表1-10 发动机曲轴拆和安装

| 序号 | 项目 | 内容 |
|---|---|---|
| 1 | 需要的准备工作 | 拆下发动机<br>将发动机安装到装配架上<br>拆卸后部控制装置外壳盖板<br>拆下两条正时链<br>拆下所有活塞 |

续表

| 序号 | 项目 | 内容 |
| --- | --- | --- |
| 2 | | 检测曲轴的轴向间隙 |
| 3 | | 用合适的工具 2 拆下密封盖 1 |
| 4 | 拆卸曲轴 | 将曲轴扭转到上止点（第一个气缸）<br>安装专用工具 2 288 054 并贴上螺栓 1 |
| 5 | | 提示：<br>①注意专用工具 2 288 054 在平衡轴 2 的导向件 1 中的正确位置<br>②必要时稍稍扭转曲轴<br>③将专用工具 2 288 054 用 20N·m 的力矩拧紧 |
| 6 | | 松开螺栓 1 |

续表

| 序号 | 项目 | 内容 |
|---|---|---|
| 7 | 拆卸曲轴 | 提示：齿轮通过一个圆锥体压到平衡轴上，并且只能用专用工具 2 361 286 松开<br>将专用工具 2 361 286 旋入平衡轴的齿轮中，并用开口扳手 1 固定住<br>将平衡轴及螺栓 2 从齿轮上松开 |
| 8 | | 将上部的平衡轴 1 沿箭头方向从曲轴箱 2 中拆下 |
| 9 | | 沿箭头方向打开滚针轴承<br>将打开的滚针轴承 1 沿箭头方向从平衡轴上拆下<br>检查平衡轴轴承的位置有无磨损，如有必要，进行更新 |
| 10 | | 松开螺母<br>拆下中间齿轮 |
| 11 | | 提示：<br>①所有曲轴轴承盖 1 都已标识（轴承位置 1~5）<br>②安装位置必须与轴承座上的图像标识相符 |

续表

| 序号 | 项目 | 内容 |
|---|---|---|
| 12 | 拆卸曲轴 | 按照 10～1 顺序松开主轴承盖的主轴承螺栓连接<br>拆卸主轴承盖 1～5 |
| 13 | | 与另一位技师配合一起拆下曲轴,并小心地放下<br>注意轴瓦中的加油孔 1 |
| 14 | 安装曲轴 | 使用新的曲轴时,应更换曲轴主轴承轴瓦<br>给轴瓦 1～5 上油<br>曲轴箱中和曲轴轴承盖上的两个轴瓦定位槽必须安装在一侧 |
| 15 | | 装入曲轴 |
| 16 | | 准确对齐曲轴轴承盖<br>装入主轴承螺栓<br>按照 1～10 的顺序拧紧主轴承螺栓(注意拧紧力矩)<br>第一级:接合力矩 25N·m<br>第二级:接合力矩 50N·m<br>第三级:顺时针旋转螺栓 60°<br>第四级:顺时针旋转螺栓 60° |

续表

| 序号 | 项目 | 内容 |
|---|---|---|
| 17 | | 图示显示平衡齿轮和中间齿轮<br>注意：<br>①为调节平衡轴，必须安装一个新涂覆的中间齿轮 2<br>②驱动轮 1 和 3 以及中间齿轮 2 的所有标记必须垂直朝向油底壳密封面(向上) 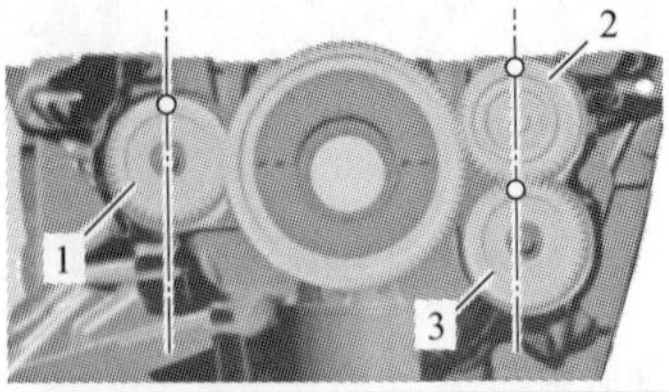 |
| 18 | | 沿箭头方向装入右侧平衡轴的齿轮 1<br>驱动轮平衡轴 1 上的标记必须垂直朝向油底壳密封面(向上)  |
| 19 | 安装曲轴 | 沿箭头方向装入左侧平衡轴的驱动轮 1<br>驱动轮 1 上的标记(箭头)必须垂直朝向油底壳密封面(向上)  |
| 20 | | 将平衡轴 1 沿箭头方向插入曲轴箱 2 中  |
| 21 | | 将专用工具 64 1 020 或其他合适的工具通过齿轮推入平衡轴中<br>将平衡轴 1 小心地沿箭头方向插入齿轮中 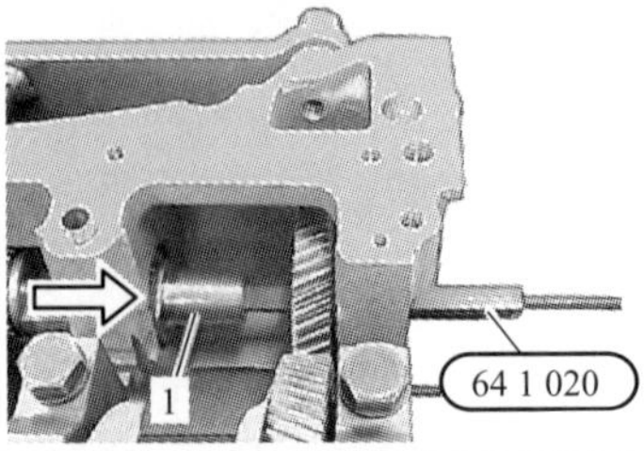 |

续表

| 序号 | 项目 | 内容 |
|---|---|---|
| 22 | 安装曲轴 | 将平衡轴 1 沿箭头方向定位在齿轮 2 中 |
| 23 | | 将专用工具 64 1 020 或其他合适的工具通过齿轮推入平衡轴中<br>将平衡轴 1 小心地沿箭头方向插入齿轮中 |
| 24 | | 将平衡轴 1 沿箭头方向定位在齿轮 2 上 |
| 25 | | 将两个螺栓 1 旋入左右平衡轴中<br>不要拧紧这两个螺栓,否则平衡轴可能卡住,并且在下一工作步骤中无法再定位 |
| 26 | | 将曲轴扭转到上止点(第一个气缸)<br>安装专用工具 2 288 054 并贴上螺栓 |
| 27 | | 必要时稍稍扭转曲轴和/或平衡轴<br>将专用工具 2 288 054 用 20 N·m 的力矩拧紧 |

续表

| 序号 | 项目 | 内容 |
|---|---|---|
| 28 | 安装曲轴 | 驱动轮 1 和 3 以及中间齿轮 2 的所有标记必须垂直朝向油底壳密封面(向上) |
| 29 | | 装入中间齿轮<br>拧紧平衡轴的螺栓 1 和 2 |
| 30 | | 固定螺母 |
| 31 | | 松开螺栓并取下专用工具 2 288 054 |
| 32 | | 安装两个密封盖 |
| 33 | | 检测轴向间隙和曲轴摩擦系数 |
| 34 | | 手工旋入减振器的全部螺栓<br>通过专用工具 00 2 010 和专用工具 11 6 480 均匀地旋转曲轴 |
| 35 | 所需的修整 | 安装所有柱塞<br>安装两条正时链<br>安装后部控制装置外壳盖板<br>将发动机从装配架上拆下<br>装上发动机 |

表1-11 发动机飞轮拆卸和安装

| 序号 | 项目 | 内容 |
|---|---|---|
| 1 | 需要的准备工作 | 拆下变速箱<br>对于手动变速箱,拆下离合器 |
| 2 | 拆卸飞轮 | 手动变速箱:<br>①用星形头螺栓1和专用工具11 9 811及11 9 265固定飞轮<br>②用专用工具11 4 180松开飞轮螺栓 |
| 3 | | 自动变速箱:<br>①用变速箱螺栓1和专用工具11 9 811/11 9 265固定飞轮<br>②松开飞轮螺栓 |
| 4 | 安装飞轮 | 手动变速箱:<br>①用星形头螺栓1和专用工具11 9 811和11 9 265固定飞轮<br>②用专用工具11 4 180拧紧飞轮螺栓至120N·m |
| 5 | | 自动变速箱:<br>①用变速箱螺栓1和专用工具11 9 811/11 9 265固定飞轮<br>②松开飞轮螺栓 |
| 6 | 最后的操作 | 安装离合器<br>安装变速箱 |

表 1-12 扭振减振器拆卸和安装

| 序号 | 项目 | 内容 |
| --- | --- | --- |
| 1 | 需要的准备工作 | 拆下发电机传动带<br>拆下起动机 |
| 2 | 拆卸扭振减振器 | 提示：<br>①如有必要，沿传动方向转动发动机，直至齿 3 完全嵌入飞轮 4 中<br>②专用工具 11 6 130 必须平放在变速箱外壳上<br>定位安放专用工具 11 6 130 并用螺栓 1 固定在控制装置外壳盖上<br>将夹具及螺栓 2 向上推，直至齿 3 完全嵌入飞轮花键内<br>拧紧螺栓 2 |
| 3 | 拆卸扭振减振器 | 利用螺栓起子从减振器上松开盖板 1 |
| 4 | 拆卸扭振减振器 | 松开减振器 1 上的所有螺栓<br>拆卸扭振减振器 1 |
| 5 | | 更新前部曲轴密封环 |
| 6 | 安装扭振减振器 | 定位减振器<br>拧紧所有螺栓，第一次紧固至 40N·m，第二次紧固 120° |
| 7 | 安装扭振减振器 | 在减振器中安装盖板 |
| 8 | | 松开螺栓<br>松开飞轮花键上的夹具<br>松开螺栓并拆卸专用工具 11 6 130 |
| 9 | 所需的修整 | 安装起动机<br>安装发电机传动带 |

表 1-13 机油泵拆卸和安装

| 序号 | 项目 | 内容 |
| --- | --- | --- |
| 1 | 需要的准备工作 | 拆卸油底壳 |

续表

| 序号 | 项目 | 内容 |
|---|---|---|
| 2 | | 松开机油/真空泵 2 的螺栓 1 |
| 3 | | 拆下机油/真空泵 1 并从驱动链条 2 中抽出 |
| 4 | 拆卸机油泵 | 松开螺栓 1，改装吸管 2<br>拧紧螺栓 1 |
| 5 | | 注意油泵上的双平面段（箭头）<br>必须能看见链轮 1 上的"正面"标记 |
| 6 | | 注意：<br>①螺栓 1 有左旋螺纹<br>②"正面"必须可以在链轮上看见<br>用合适的工具按住链轮 2，松开螺栓 1，改装链轮<br>零件：更新螺栓 1<br>安装链轮 2，并用合适的工具按住，拧紧螺栓 1 |

| 序号 | 项目 | 内容 |
|---|---|---|
| 7 | 安装机油泵 | 检查定心套1是否损坏,如有必要,进行更新 |
| 8 | | 提示:密封环1不得受损或缺失 |
| 9 | | 将机油/真空泵1穿入驱动链条2中 |
| 10 | | 拧紧机油/真空泵2的螺栓1 |

## 第三节　B57D30 发动机

### 一、机油加注

① 更换机油时含机油滤清器滤芯的加注量为 6.5L。
② 放油螺栓力矩为 25N·m。
③ 机油滤清器盖安装力矩为 25N·m。

## 二、更换机油机滤（表1-14）

表1-14 更换机油机滤

| 序号 | 项目 | 内容 |
|---|---|---|
| 1 | | 松开机油滤清器盖1 |
| 2 | | 取出机油滤清器盖及滤芯1 |
| 3 | 排空机油 | 拆卸维修盖板1 |
| 4 | | 松开放油螺栓1，排放机油 |
| 5 | | 更换密封圈2，安装放油螺栓1至25N·m |

续表

| 序号 | 项目 | 内容 |
|---|---|---|
| 6 | 安装机油滤清器及加注机油 | 安装维修盖板 |
| 7 | | 更换机油滤芯 1 |
| 8 | | 更换机油滤清器盖密封圈 1 |
| 9 | | 拧紧机油滤清器至 25N·m |
| 10 | | 加注 6.5L 机油 |
| 11 | 检查油位 | 在机油温度高于 70℃时检查机油液位 |
| 12 | | 油位必须在 MIN（最低）和 MAX（最高）之间 |

## 三、发动机螺栓力矩（表 1-15）

表 1-15　发动机螺栓力矩

| 序号 | 零部件 | 安装位置 | 安装力矩 |
|---|---|---|---|
| 1 | 发动机缸体 | 带轴承的链轮安装到曲轴箱上 | 108N·m |
| | | 曲轴轴承安装到曲轴箱上 | 第一级：接合力矩 25N·m<br>第二级：接合力矩 50N·m<br>第三级：顺时针旋转螺栓 110°<br>第四级：松开所有螺栓<br>第五级：接合力矩 25N·m<br>第六级：接合力矩 50N·m<br>第七级：顺时针旋转螺栓 110°<br>第八级：顺时针旋转螺栓 110° |

续表

| 序号 | 零部件 | 安装位置 | 安装力矩 |
|---|---|---|---|
| 1 | 发动机缸体 | 曲轴轴承盖安装到曲轴箱上(带肩螺钉) | 第一级:接合力矩25N·m<br>第二级:顺时针旋转螺栓55° |
| | | 油嘴安装到曲轴箱上 | 30N·m |
| | | 主轴承盖安装到曲轴箱上 | 第一级:接合力矩25N·m<br>第二级:顺时针旋转螺栓60°<br>第三级:顺时针旋转螺栓60° |
| 2 | 气缸盖 | 气缸盖螺栓(更换螺栓) | 第一级:接合力矩50N·m<br>第二级:松开所有螺栓180°<br>第三级:接合力矩50N·m<br>第四级:顺时针旋转螺栓120°<br>第五级:顺时针旋转螺栓120° |
| | | 滑轨安装到气缸盖上 | 8N·m |
| | | 气缸盖罩安装到气缸盖上 | 第一级:接合力矩7N·m<br>第二级:顺时针旋转螺栓90° |
| | | 螺旋塞安装到后部气缸盖上 | 12N·m |
| | | 点火线圈盖安装到气缸盖罩上 | 4N·m |
| 3 | 油底壳 | 放油螺塞 | 25N·m |
| | | 油底壳安装到曲轴箱上 | 第一级:接合力矩8N·m<br>第二级:顺时针旋转螺栓90° |
| 4 | 壳体盖 | 盖罩安装到正时齿轮壳盖上 | 20N·m |
| | | 正时齿轮壳盖安装到曲轴箱上 | 第一级:接合力矩8N·m<br>第二级:顺时针旋转螺栓90° |
| 5 | 曲轴 | 曲轴上的信号齿轮 | 第一级:接合力矩5N·m<br>第二级:顺时针旋转螺栓45° |
| | | 传动带张紧器与换向滚子安装到曲轴箱上 | 40N·m |
| 6 | 飞轮 | 飞轮安装到曲轴上 | 120N·m |
| 7 | 减振器 | 减振器(轮毂)安装到曲轴上 | 第一级:接合力矩100N·m<br>第二级:顺时针旋转螺栓60°<br>第三级:顺时针旋转螺栓60°<br>第四级:顺时针旋转螺栓60° |
| 8 | 传动带及传动带张紧器 | 传动带夹紧装置安装到曲轴箱上 | 40N·m |
| | | 传动带张紧器 | 28N·m |
| 9 | 机油滤清器和管道 | 机油滤清器盖 | 25N·m |
| | | 放油螺塞安装到机油滤清器盖上 | 5N·m |
| | | 放油螺塞安装到油底壳(塑料油底壳)上 | 8N·m |
| 10 | 油泵及滤网和电动机 | 机油泵/真空泵安装到曲轴箱上 | 19N·m |
| | | 机油泵驱动轮安装到轮毂上 | 10N·m |
| | | 进气管安装到机油泵/真空泵上 | 8N·m |
| | | 机油泵安装到电动机上 | 10N·m |

续表

| 序号 | 零部件 | 安装位置 | 安装力矩 |
|---|---|---|---|
| 10 | 油泵及滤网和电动机 | 链轮安装到油泵上 | 第一级:接合力矩 5N·m<br>第二级:顺时针旋转螺栓 90° |
| | | 链模块安装到曲轴箱/油泵上 | 10N·m |
| 11 | 冷却液泵 | 带架梁的冷却液泵安装到发动机缸体上 | 19N·m |
| | | 低压插座安装到冷却液泵上 | 8N·m |
| | | 电动冷却液泵安装到支架上 | 8N·m |
| 12 | 风扇 | 水泵上的风扇离合器(左旋螺纹锁紧螺母) | 40N·m |
| | | 风扇离合器上的风扇 | 10N·m |
| 13 | 带调节装置的增压装置 | 带旁路节气门的连接管安装到低压级废气涡轮增压器上 | 8N·m |
| | | 低压插座安装到高压级废气涡轮增压器上 | 10N·m |
| 14 | 凸轮轴 | 链轮固定在已安装的凸轮轴上 | 17N·m |
| | | 凸轮轴架梁安装到气缸盖上 | 13N·m |
| 15 | 连杆 | 连杆螺栓 | 第一级:接合力矩 5N·m<br>第二级:接合力矩 20N·m<br>第三级:接合力矩 30N·m<br>第四级:顺时针旋转螺栓 70° |

## 第四节　N47D20 发动机

### 一、机油加注

① 更换机油时含机油滤清器滤芯的加注量为 5.2L。
② 放油螺栓力矩为 25N·m。
③ 机油滤清器盖安装力矩为 25N·m。

### 二、更换机油机滤（表 1-16）

表 1-16　更换机油机滤

| 序号 | 项目 | 内容 |
|---|---|---|
| 1 | 排空机油 | 用合适的工具松开机油滤清器盖 1<br>提示:机油从机油滤清器壳中流出并流回油底壳中 |

续表

| 序号 | 项目 | 内容 |
|---|---|---|
| 2 | | E90,E91,E92,E93<br>旋转塑料螺栓 1<br>松开保养口 2 |
| 3 | | F10,F11<br>松开螺栓 1<br>将保养口 2 沿箭头方向打开并拧紧 |
| 4 | 排空机油 | 松开油底壳的放油螺塞 1 并排放机油 |
| 5 | | 沿箭头方向拉出机油滤清器滤芯 2<br>安装说明:更新机油滤清器滤芯 2 和密封环 1<br>提示:用机油浸润机油滤清器盖上的密封环 1 和机油滤清器滤芯导向装置上的密封环 3 |
| 6 | | 提示:注意机油滤清器壳 2 中机油滤清器滤芯的导向孔 1 |

续表

| 序号 | 项目 | 内容 |
|---|---|---|
| 7 | 安装机油滤清器及加注机油 | 安装油底壳的放油螺塞至25N·m |
| 8 | | 用合适的工具固定机油滤清器盖1至25N·m |
| 9 | | 加注机油至5.2L<br>启动发动机并让发动机怠速运转,直至机油压力指示灯熄灭为止<br>关闭发动机<br>检查机油滤清器盖和油底壳放油螺栓的密封性<br>装配好发动机 |
| 10 | 检查油位 | 将车辆置于一个水平的表面上<br>5min后在暖机的发动机上通过油尺检查油位<br>如有必要,则添加机油 |

表1-17 发动机螺栓力矩

| 序号 | 零部件 | 安装位置 | 安装力矩 |
|---|---|---|---|
| 1 | 发动机缸体 | 主轴承螺栓 | 第一级:接合力矩25N·m<br>第二级:接合力矩50N·m<br>第三级:顺时针旋转螺栓60°<br>第四级:顺时针旋转螺栓60° |
| | | 曲轴箱上的冷却液放液螺栓 | 25N·m |
| | | 张紧导轨/导轨 | 20N·m |
| | | 下部链条张紧器 | 10N·m |
| 2 | 气缸盖 | 气缸盖螺栓 | 第一级:接合力矩70N·m<br>第二级:松开所有螺栓180°<br>第三级:接合力矩50N·m<br>第四级:顺时针旋转螺栓120°<br>第五级:顺时针旋转螺栓120° |
| | | 气缸盖罩固定在气缸盖上 | 10N·m |
| | | 上部链条张紧器 | 70N·m |
| | | 导轨安装到气缸盖上 | 20N·m |
| | | 气缸盖安装到密封盖上 | 19N·m |
| 3 | 油底壳 | 放油螺塞 | 25N·m |
| | | 曲轴箱上的油底壳螺栓 | 24N·m |
| 4 | 壳体盖 | 链轮箱盖安装到后部曲轴箱上 | 第一级:接合力矩8N·m<br>第二级:顺时针旋转螺栓90° |
| | | 间隔螺栓安装到机组支架上 | 6N·m |

续表

| 序号 | 零部件 | 安装位置 | 安装力矩 |
|---|---|---|---|
| 5 | 曲轴 | 齿轮安装到平衡轴和曲轴箱上 | 第一级:接合力矩40N·m<br>第二级:顺时针旋转螺栓90° |
| | | 曲轴上的信号齿轮 | 第一级:接合力矩5N·m<br>第二级:顺时针旋转螺栓45° |
| 6 | 飞轮 | 飞轮安装到曲轴上 | 120N·m |
| 7 | 减振器 | 曲轴上带皮带轮的减振器 | 第一级:接合力矩40N·m<br>第二级:顺时针旋转螺栓120° |
| 8 | 冷却液泵 | 冷却液进液管路安装到气缸盖上 | 10N·m |
| | | 冷却液泵安装到曲轴箱上 | 10N·m |
| 9 | 油泵及滤网和电动机 | 真空油泵安装到曲轴箱上 | 20N·m |
| | | 链轮安装到真空油泵上 | 第一级:接合力矩15N·m<br>第二级:顺时针旋转螺栓90° |
| | | 真空油泵安装到曲轴轴承盖上 | 第一级:接合力矩15N·m<br>第二级:顺时针旋转螺栓90° |
| 10 | 机油滤清器和管道 | 机油滤清器盖 | 25N·m |
| | | 水箱安装到机油模块上 | 6N·m |
| | | 废气涡轮增压器(ATL)供油管安装到曲轴箱上 | 22N·m |
| | | 废气涡轮增压器(ATL)机油回油管安装到曲轴箱上 | 3N·m |
| | | 机油回油管安装到废气涡轮增压器上 | 8N·m |
| 11 | 风扇 | 水泵上的风扇离合器(左旋螺纹锁紧螺母) | 40N·m |
| | | 风扇离合器上的风扇 | 10N·m |
| 12 | 连杆 | 连杆螺栓 | 第一级:接合力矩20N·m<br>第二级:顺时针旋转螺栓70° |
| 13 | 带调节装置的增压装置 | 高压废气涡轮增压器(HD-ATL)安装到排气歧管上 | 25N·m |
| | | 低压废气涡轮增压器(HD-ATL)安装到排气歧管上 | 25N·m |
| | | 高压连接管安装到低压废气涡轮增压器上 | 8N·m |
| | | 前部支架安装到低压废气涡轮增压器上 | 19N·m |
| | | 前部支架安装到曲轴箱上 | 66N·m |
| | | 支架安装到低压废气涡轮增压器和曲轴箱上 | 19N·m |
| | | 机油回油管安装到低压废气涡旋增压器上 | 8N·m |
| | | 低压插座安装到高压涡轮增压器上 | 8N·m |
| | | 排气背压管安装到排气歧管上 | 30N·m |
| | | 连接管(旁路)安装到低压废气涡轮增压器上 | 8N·m |
| 14 | 凸轮轴 | 链轮固定在已安装的凸轮轴上 | 17N·m |
| | | 凸轮轴架梁安装到气缸盖上 | 13N·m |

## 三、发动机零部件拆装（表1-18～表1-21）

表1-18 发动机气缸拆卸和安装

| 序号 | 项目 | 内容 |
|---|---|---|
| 1 | 需要的准备工作 | 从蓄电池上松开接地导线 |
| 2 | | 拆下气缸盖罩 |
| 3 | | 检查配气相位 |
| 4 | | 拆下进气集气箱 |
| 5 | | 从排气歧管上松开废气涡轮增压器 |
| 6 | | 排放冷却液并妥善处理 |
| 7 | | 拆下废气再循环冷却器 |
| 8 | | 脱开冷却液软管 |
| 9 | 拆卸气缸盖 | 松开发动机缸体上的冷却液放液螺栓1 |
| 10 | | 用专用工具11 6 480将发动机沿旋转方向转动，直至柱塞处于第一个气缸的上止点<br>用专用工具11 5 320将飞轮固定在气缸1点火上止点位置处<br>拆卸链条张紧器 |
| 11 | | 松开凸轮轴螺栓1<br>拆下链轮<br>注意：防止正时链掉下来，对喷油嘴有损坏危险 |

续表

| 序号 | 项目 | 内容 |
|---|---|---|
| 12 | 拆卸气缸盖 | 从外向内松开螺栓 1<br>将凸轮轴支架与凸轮轴一起拆下 |
| 13 | 拆卸气缸盖 | 松开螺栓 1 |
| 14 | 拆卸气缸盖 | 松开螺栓 1 |
| 15 | 拆卸气缸盖 | 按顺序 10~1 松开气缸盖螺栓 |
| 16 | 安装气缸盖 | 用工具套件 2 364 711 中的专用工具 B 将前部油道关闭<br>注意:不得采用切削工具 |

| 序号 | 项目 | 内容 |
|---|---|---|
| 17 | | 用专用工具 B（工具套件 2 364 711）封闭后油道<br>注意：不得采用切削工具 |
| 18 | | 用专用工具（C）（工具套件 2 364 711）封闭中间油道<br>注意：不得采用切削工具 |
| 19 | 安装气缸盖 | 用专用工具 11 4 471 清除气缸盖和曲轴箱的密封面上的较大残留物<br>注意：不得采用切削工具 |
| 20 | | 用专用工具 11 4 472 清除气缸盖和曲轴箱的密封面上的细微残留物<br>注意：<br>①不得采用切削工具（例如研磨带）<br>②在盲孔中不允许有冷却液、水和发动机机油 |
| 21 | | 注意：<br>①所有预热塞都位于密封面上，在安装时可能受损<br>②拆下气缸盖并将其放置妥当，使得预热销（箭头）不致受损 |

续表

| 序号 | 项目 | 内容 |
|---|---|---|
| 22 | 安装气缸盖 | 安装说明:不进行会改变活塞伸出量的发动机缸体维修相关工作;使用新的密封厚度(打孔数字)相同的气缸盖密封件 1 |
| 23 | | 如果对曲轴系统或活塞进行了维修工作,必须重新计算密封厚度<br>测量活塞的伸出量:将千分表用专用工具 00 2 530 放在清洁过的气缸密封面上,在预张紧情况下设为"零" |
| 24 | | 清洁测量点 1 和 2 上的活塞<br>将千分表放置在清洁过的活塞的测量点 1 处,并旋转曲轴以确定最高点<br>测量并记录所有 4 个活塞在测量点 1 和 2 处的伸出量 |
| 25 | | 将专用工具 00 2 530 与千分表 1 定位在气缸盖上<br>将千分表 1 设为"零" |

续表

| 序号 | 项目 | 内容 |
| --- | --- | --- |
| 26 | 安装气缸盖 | 将专用工具 00 2 530 与千分表 1 定位在气门上<br>确定气门缩进量 |
| 27 | | 检查配合套 1 的损坏情况及安装位置是否正确 |
| 28 | | 装上符合事先测定的密封厚度（孔数）的新气缸盖密封件<br>装上气缸盖，然后用新螺栓按 1~10 的顺序拧紧<br>第一级：接合力矩 70N·m<br>第二级：松开所有螺栓 180°<br>第三级：接合力矩 50N·m<br>第四级：顺时针旋转螺栓 120°<br>第五级：顺时针旋转螺栓 120° |
| 29 | | 用专用工具 00 9 120 固定气缸盖螺栓 1 |

续表

| 序号 | 项目 | 内容 |
|---|---|---|
| 30 | 安装气缸盖 | 装入螺栓 1 并拧紧至 19N·m  |
| 31 | | 装入螺栓 1 并拧紧至 19N·m 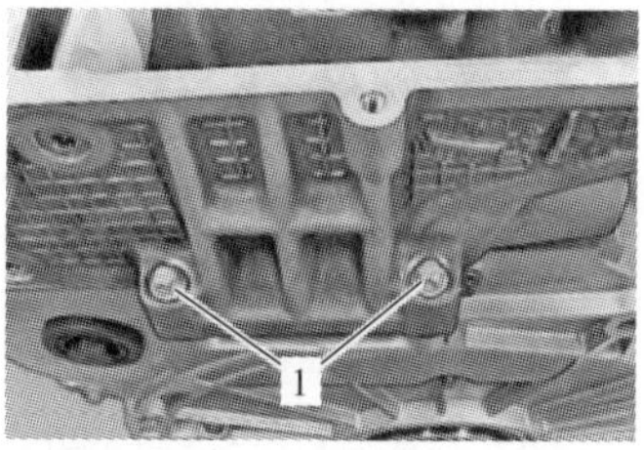 |
| 32 | | 注意液压气门间隙补偿元件 1 的正确安装位置  |
| 33 | | 注意凸轮推杆 1 的正确安装位置（箭头）  |
| 34 | | 注意：在将凸轮轴支架安放到气缸盖上并用螺栓拧紧之前，必须将凸轮轴 A 和 E 调整到该标记处（见图中点划线），否则阀门有损坏危险 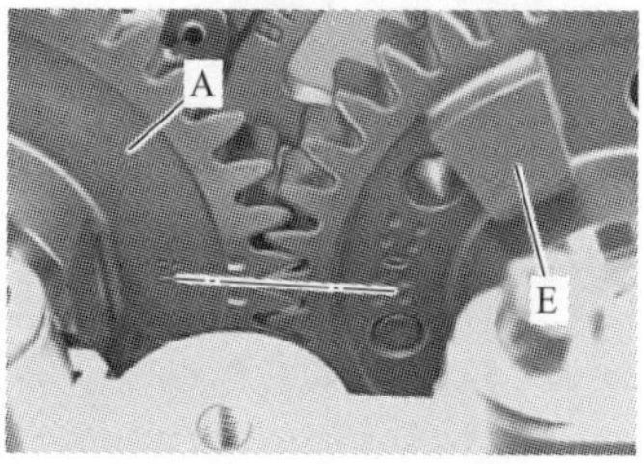 |

续表

| 序号 | 项目 | 内容 |
|---|---|---|
| 35 | 安装气缸盖 | 将凸轮轴架安放到气缸盖上<br>按照顺序 1~14 拧紧螺栓至 13N·m |
| 36 | | 将专用工具 11 8 760 安放到排气凸轮轴上<br>提示：专用工具 11 8 760 必须无间隙地平放在气缸盖上 |
| 37 | | 安放链轮与正时链<br>装入凸轮轴螺栓 1<br>用 10N·m 的力矩固定凸轮轴螺栓 1<br>将凸轮轴螺栓 1 松开 90° |
| 38 | | 装入链条张紧器 1 |
| 39 | | 拧紧凸轮轴螺栓 1 至 17N·m |

表 1-19 发动机曲轴拆卸和安装

| 序号 | 项目 | 内容 |
|---|---|---|
| 1 | 需要的准备工作 | 拆下发动机 |
| 2 | | 将发动机安装到装配架上 |
| 3 | | 拆下冷却液泵 |
| 4 | | 拆下气缸盖 |
| 5 | | 拆下机油泵 |
| 6 | | 拆下后部密封盖 |
| 7 | | 拆下两条正时链 |
| 8 | | 拆下所有活塞 |
| 9 | 拆卸曲轴 | 检测曲轴的轴向间隙(箭头)<br>安装专用工具 11 6 250<br>如果超过允许的轴向间隙:检查曲轴和推力轴承轴瓦;更新磨损的部件 |
| 10 | | 用合适的工具 2 拆下密封盖 1 |
| 11 | | 扭转曲轴(箭头),直到专用工具 11 8 750 嵌入左边的平衡轴 1 |
| 12 | | 旋转曲轴(箭头),直到专用工具 11 8 750 嵌入右边的平衡轴 1 |

续表

| 序号 | 项目 | 内容 |
|---|---|---|
| 13 | 拆卸曲轴 | 用冷却液泵螺栓1将用工具11 8 750固定到曲轴箱上<br>将专用工具2 318 115定位到专用工具11 8 750上,并用螺栓2固定 |
| 14 | | 松开螺母1<br>松开螺栓2和3 |
| 15 | | 拆下中间螺栓1的螺母<br>拆下中间螺栓1<br>提示:<br>①齿轮通过一个圆锥体压到平衡轴上,并且只能用专用工具11 8 870松开<br>②如果齿轮已从平衡轴上松开,则专用工具11 8 870可以手工重新旋出<br>将专用工具11 8 870旋入平衡轴齿轮,并借此松开齿轮上的平衡轴 |
| 16 | | 沿箭头方向打开滚针轴承1<br>将打开的滚针轴承1沿箭头方向从平衡轴2上拆下<br>检查平衡轴2的轴承位置有无磨损,如有必要,则进行更新 |

续表

| 序号 | 项目 | 内容 |
| --- | --- | --- |
| 17 | 拆卸曲轴 | 提示：<br>①轴承盖1已用1～5在排气侧标记<br>②轴承盖是作为推力轴承安装的 |
| 18 | | 松开主轴承盖1的主轴承螺栓连接<br>拆下主轴承盖1～5<br>与另一位技师一起拆下曲轴，并小心地放下<br>注意轴瓦中的加油孔和曲轴主轴轴瓦的安装位置 |
| 19 | 安装曲轴 | 轴瓦上油<br>装入曲轴<br>装上轴承盖1～5，代号始终指向排气端<br>曲轴箱中和轴承盖上的两个轴瓦定位槽必须安装在一侧<br>注意：<br>①轴承盖不要安装到错误的位置<br>②曲轴箱上的圆形冲压槽有损坏危险<br>③准确对齐轴承盖 |
| 20 | | 装入主轴承螺栓<br>按顺序1～10拧紧主轴承螺栓（注意拧紧力矩）<br>第一级：接合力矩25N·m<br>第二级：接合力矩50N·m<br>第三级：顺时针旋转60°<br>第四级：顺时针旋转60° |

| 序号 | 项目 | 内容 |
| --- | --- | --- |
| 21 | 安装曲轴 | 注意：为了调整平衡轴，必须将曲轴固定在第 1 缸下止点位置<br>将专用工具 11 8 791 定位在曲轴箱上，并用专用工具 11 8 793 固定 |
| 22 | | 将曲轴用滚花螺钉 11 8 792 固定在专用工具 11 8 791 上 |
| 23 | | 注意：<br>①为调节平衡轴，必须安装一个新涂覆的中间齿轮 2。<br>②驱动轮 1 和 3 以及中间齿轮 2 的所有标记必须垂直朝向油底壳密封面（向上） |
| 24 | | 说明：为更好地装配平衡轴，将发动机用专用工具 00 2 300 旋转到一个适合的位置<br>沿箭头方向装入右侧平衡轴的齿轮 1<br>驱动轮平衡轴（箭头）上的标记必须垂直朝向油底壳密封面（向上） |

续表

| 序号 | 项目 | 内容 |
|---|---|---|
| 25 | 安装曲轴 | 沿箭头方向装入左侧平衡轴的齿轮1<br>驱动轮(箭头)上的标记必须垂直朝向油底壳密封面(向上) |
| 26 | | 将平衡轴1沿箭头方向插入曲轴箱2中 |
| 27 | | 注意：平衡轴不得落入轴承位置中用专用工具64 1 020或用合适的工具穿过齿轮并推入平衡轴中，将平衡轴1小心地沿箭头方向插入齿轮中 |
| 28 | | 将平衡轴1沿箭头方向定位在齿轮2中 |
| 29 | | 注意：平衡轴不得落入轴承位置中用专用工具64 1 020或用合适的工具穿过齿轮并推入平衡轴中将平衡轴1小心地沿箭头方向插入齿轮中 |

| 序号 | 项目 | 内容 |
|---|---|---|
| 30 | 安装曲轴 | 将平衡轴1沿箭头方向定位在齿轮2上 |
| 31 | | 将两个螺栓1旋入左右平衡轴中<br>不要拧紧这两个螺栓,否则平衡轴可能卡住并且在下一工作步骤中无法再定位 |
| 32 | | 定位两根平衡轴<br>平衡轴的平衡重块必须指向油底壳,为此必须用专用工具00 2 300将发动机置于标准位置<br>两根平衡轴的平衡重块必须朝下指向油底壳<br>用冷却液泵螺栓1将专用工具11 8 750安装到曲轴箱上<br>只能使用冷却液泵螺栓1将专用工具11 8 750固定在曲轴箱上 |
| 33 | | 用冷却液泵螺栓1将专用工具11 8 750固定到曲轴箱上<br>将专用工具2 318 115定位到专用工具11 8 750上,并用螺栓2固定 |
| 34 | | 驱动轮以及中间齿轮的所有标记必须垂直朝向油底壳密封面 |
| 35 | | 装入中间齿轮<br>将平衡轴的螺栓用专用工具00 9 120固定 |

续表

| 序号 | 项目 | 内容 |
|---|---|---|
| 36 | 安装曲轴 | 注意:在固定中间齿轮之前,必须将中间齿轮略微按压到曲轴和平衡轴的齿轮上,直到两个齿轮啮合之间达到零间隙 |
| 37 | | 检测轴向间隙 |

表 1-20 主油路机油滤清器拆卸和安装

| 序号 | 项目 | 内容 |
|---|---|---|
| 1 | 需要的准备工作 | 排放冷却液<br>拆下进气集气箱<br>拆卸变速箱油冷却器(如果安装着)<br>更换发动机油 |
| 2 | 拆卸和安装主油路机油滤清器 | 松开螺栓 1 |
| 3 | | 松开螺栓 1 |
| 4 | | 松开螺栓 1<br>拆卸机油滤清器模块 |
| 5 | | 松开螺栓 1 |

续表

| 序号 | 项目 | 内容 |
|---|---|---|
| 6 | 拆卸和安装主油路机油滤清器 | 拆卸密封件 1 和 2<br>拆卸单向阀 3 |
| 7 | | 安装说明：<br>①更新单向阀 1<br>②更新成型密封件 2 和 3 |

表 1-21 拆卸和安装高压废气涡轮增压器

| 序号 | 项目 | 内容 |
|---|---|---|
| 1 | 需要的准备工作 | 断开蓄电池负极导线<br>拆卸纯空气管道<br>拆下空气滤清器壳 |
| 2 | 拆卸和安装高压废气涡轮增压器 | 松开膨胀铆钉 1<br>拆卸上部隔音板 2 |
| 3 | | 翻起盖板 1<br>松开下面的螺母<br>从蓄电池正极接线柱上拆下蓄电池正极导线 |

第一章　宝马车系　57

续表

| 序号 | 项目 | 内容 |
|---|---|---|
| 4 | 拆卸和安装高压废气涡轮增压器 | 从夹子上松脱蓄电池正极导线 1 并放置一旁<br>松开膨胀铆钉 2<br>拆下后部隔音板 3 |
| 5 | | 松开螺栓 1<br>沿逆时针方向将整个加油管接头转动约 25°<br>向上拆下加油管接头<br>注意：<br>①存在小零件掉落进发动机的危险<br>②用适合的工具关闭/盖住气缸盖罩开口<br>安装说明：<br>①检查 O 形环有无损坏<br>②必要时更新 O 形环 |
| 6 | | 松开低压插座的真空软管 1<br>松开螺栓 2 |
| 7 | | 从阀门 2 上松开真空软管 1<br>阀门真空接口有损坏危险<br>按下锁止凸耳 3 并沿箭头方向松开阀门 2<br>将阀门 2 置于一侧 |

续表

| 序号 | 项目 | 内容 |
|---|---|---|
| 8 | 拆卸和安装高压废气涡轮增压器 | 将真空软管1和2从低压插座上松开<br>真空软管1和2包括在隔热保护4中<br>注意真空软管2不要与真空软管3混淆<br>将真空软管1和2置于一侧 |
| 9 | | 脱开插头连接1<br>从支架2上松开电缆<br>松开氧传感器插头和排气背压传感器3,并置于一侧 |
| 10 | | 按下锁止件1,松开排气背压传感器2,并置于一侧 |
| 11 | | 松开支架2的螺栓1 |

续表

| 序号 | 项目 | 内容 |
|------|------|------|
| 12 | 拆卸和安装高压废气涡轮增压器 | 将支架1向上旋转并放置在气缸盖罩上 |
| 13 | | 松开螺栓1 |
| 14 | | 向上拔出低压插座2并将其放在一侧<br>注意:低压插座拉杆有损坏危险<br>拆卸隔热板1 |
| 15 | | 松开空心螺栓1<br>提示:用合适的辅助工具收集流出的机油<br>安装说明:将油管2校正到中间位置<br>清洁密封面<br>更换密封件<br>检查油位,如有必要,需进行添加 |

续表

| 序号 | 项目 | 内容 |
|---|---|---|
| 16 | 拆卸和安装高压废气涡轮增压器 | 松开连接管2的螺栓1<br>拆卸连接管2<br>安装说明：<br>①检查密封环的损坏情况，如有必要，需进行更新<br>②在安装时用润滑剂处理密封环 |
| 17 | | 松开机油回流管2的软管夹圈1 |
| 18 | | 松开螺栓1<br>安装说明：<br>①检查连接管2的密封环，如有必要，需进行更新<br>②在安装时用润滑剂处理密封环 |
| 19 | | 松开高压涡轮增压器2的螺栓1<br>将发动机油管置于一侧<br>注意：不要弯折发动机油管<br>将废气涡轮增压器向上拆下，同时从连接管上松开<br>安装说明：<br>①检查密封环的损坏情况，如有必要，需进行更新<br>②在安装时用润滑剂处理密封环 |

续表

| 序号 | 项目 | 内容 |
|---|---|---|
| 20 | 拆卸和安装高压废气涡轮增压器 | 注意:在拆卸废气涡轮增压器时不允许损坏涡轮的导向叶片(箭头)<br>安装说明:<br>①更新所有密封件<br>②清洁排气歧管上的密封面<br>③更新废气涡轮增压器的密封件 |

# 第五节　N57D30 发动机

## 一、机油加注

① 更换机油时含机油滤清器滤芯的加注量为 7L。
② 放油螺栓力矩为 25N·m。
③ 机油滤清器盖安装力矩为 25N·m。

## 二、更换机油机滤（表 1-22）

表 1-22　更换机油机滤

| 序号 | 项目 | 内容 |
|---|---|---|
| 1 | 排空机油 | 用合适的工具松开机油滤清器盖 1<br>提示:机油从机油滤清器壳中流出并流回油底壳中 |
| 2 | | 将机油滤清器滤芯 2 沿箭头方向通过中间管 3 抽出并插入<br>安装说明:更新机油滤清器滤芯 2 和密封环 1<br>提示:用机油浸润密封环 1 |

续表

| 序号 | 项目 | 内容 |
| --- | --- | --- |
| 3 | 排空机油 | 将现有凸耳上的密封环 1 使用合适的工具从机油滤清器盖 2 上松开<br>安装说明:更新密封环 1<br>提示:用机油浸润密封环 1 |
| 4 | | 将现有凹槽上的密封环 1 使用合适的工具从机油滤清器壳 2 上松开<br>安装说明:更新密封环 1<br>提示:用机油浸润密封环 1 |
| 5 | | 松开底板饰件上的螺栓 3<br>借助规定的孔 2 露出保养口 1 |
| 6 | | 松开油底壳的放油螺塞 1 并排放机油 |
| 7 | 安装机油滤清器及加注机油 | 安装油底壳的放油螺塞至 25N·m |
| 8 | | 用合适的工具固定机油滤清器盖至 25N·m |
| 9 | | 加注机油至 7L<br>启动发动机并让发动机怠速运转,直至机油压力指示灯熄灭为止<br>关闭发动机<br>检查机油滤清器盖和油底壳放油螺栓的密封性<br>装配好发动机 |

续表

| 序号 | 项目 | 内容 |
| --- | --- | --- |
| 10 | 检查油位 | 将车辆置于一个水平的表面上<br>让暖机的发动机以提高的转速(约 1100r/min)运转 3min<br>从组合仪表中或控制显示上读取机油量<br>如有必要,需添加机油 |

## 三、发动机螺栓力矩和相关零件拆装（表 1-23~ 表 1-25）

表 1-23　发动机螺栓力矩

| 序号 | 零部件 | 安装位置 | 安装力矩 |
| --- | --- | --- | --- |
| 1 | 发动机缸体 | 主轴承螺栓 | 第一级:接合力矩 25N·m<br>第二级:接合力矩 50N·m<br>第三级:顺时针旋转螺栓 60°<br>第四级:顺时针旋转螺栓 60° |
| | | 链条传动机构喷油嘴 | 8N·m |
| | | 张紧导轨/导轨 | 20N·m |
| | | 下部链条张紧器 | 10N·m |
| 2 | 气缸盖 | 气缸盖螺栓 | 第一级:接合力矩 70N·m<br>第二级:松开所有螺栓 180°<br>第三级:接合力矩 50N·m<br>第四级:顺时针旋转螺栓 120°<br>第五级:顺时针旋转螺栓 120° |
| | | 气缸盖罩固定在气缸盖上 | 10N·m |
| | | 上部链条张紧器 | 70N·m |
| | | 导轨安装到气缸盖上 | 20N·m |
| | | 将气缸盖安装到密封盖上 | 19N·m |
| 3 | 油底壳 | 放油螺塞 | 25N·m |
| | | 曲轴箱上的油底壳螺栓 | 24N·m |
| 4 | 壳体盖 | 起动机上油底壳的隔音盖板 | 3N·m |
| | | 油底壳上的油底壳隔音盖板 | 12N·m |
| | | 放油螺塞拧紧到正时齿轮箱盖上 | 20N·m |
| | | 密封盖拧紧到曲轴箱上 | 第一级:接合力矩 8N·m<br>第二级:顺时针旋转螺栓 90° |
| | | 密封盖安装到高压泵上 | 11N·m |
| 5 | 曲轴 | 曲轴上的信号齿轮 | 第一级:接合力矩 5N·m<br>第二级:顺时针旋转螺栓 45° |
| 6 | 飞轮 | 飞轮安装到曲轴上 | 120N·m |
| 7 | 减振器 | 曲轴上带皮带轮的减振器 | 第一级:接合力矩 40N·m<br>第二级:顺时针旋转螺栓 120° |
| 8 | 冷却液泵 | 冷却液进液管路安装到气缸盖上 | 10N·m |
| | | 冷却液泵安装到曲轴箱上 | 10N·m |
| 9 | 油泵及滤网和电动机 | 油泵和真空泵安装到发动机缸体上 | 19N·m |
| | | 链轮安装到机油泵/真空泵上 | 第一级:接合力矩 15N·m<br>第二级:顺时针旋转螺栓 90° |

续表

| 序号 | 零部件 | 安装位置 | 安装力矩 |
|---|---|---|---|
| 10 | 机油滤清器和管道 | 机油滤清器盖 | 25N·m |
| | | 机油流入口连接到废气涡轮增压器和曲轴箱上 | 22N·m |
| | | 温度传感器安装到气缸盖上(数字式柴油机电子伺控系统/组合仪表) | 14N·m |
| | | 机油管支架安装到曲轴箱上 | 8N·m |
| 11 | 风扇 | 水泵上的风扇离合器(左旋螺纹锁紧螺母) | 40N·m |
| | | 风扇离合器上的风扇 | 10N·m |
| 12 | 连杆 | 连杆螺栓 | 第一级:接合力矩20N·m<br>第二级:顺时针旋转螺栓70° |
| 13 | 带调节装置的增压装置 | HD(高压级)废气涡轮增压器安装到排气歧管上 | 25N·m |
| | | ND(低压级)废气涡轮增压器安装到排气歧管上 | 40N·m |
| | | 压缩机旁路安装到低压挡上 | 8N·m |
| | | 隔热板安装到高压废气涡轮增压器上 | 8N·m |
| | | 机油回油管定位夹圈安装到废气涡轮增压器上 | 8N·m |
| | | ND(低压级)废气涡轮增压器支架安装到废气涡轮增压器和曲轴箱上 | 19N·m |
| | | HD(高压级)废气涡轮增压器支架安装到废气涡轮增压器和曲轴箱上 | 15N·m |
| 14 | 凸轮轴 | 链轮固定在已安装的凸轮轴上 | 17N·m |
| | | 进气和排气凸轮轴安装到凸轮轴架中 | 10N·m |
| | | 凸轮轴架安装到气缸盖上 | 13N·m |

表 1-24 拆卸和安装气缸盖

| 序号 | 项目 | 内容 |
|---|---|---|
| 1 | 需要的准备工作 | 拆下气缸盖罩<br>拆下喷嘴<br>拆下进气集气箱<br>从蓄电池上松开负极导线<br>从排气歧管上松开废气涡轮增压器<br>排放冷却液并妥善处理<br>拆下废气再循环冷却器<br>脱开冷却液软管 |
| 2 | 拆卸气缸盖 | 松开发动机缸体上的冷却液放液螺栓<br>安装说明:更新密封件 |

续表

| 序号 | 项目 | 内容 |
|---|---|---|
| 3 | | 用专用工具 11 6 480 沿发动机旋转方向旋转发动机,直至第一缸的活塞位于"上止点"位置<br>用专用工具 11 5 320 将飞轮固定在第 1 缸点火上止点位置 |
| 4 | | 拆下上部链条张紧器<br>松开凸轮轴螺栓 1<br>拆下链轮 |
| 5 | 拆卸气缸盖 | 将螺栓 1 从外向内松开 1/2 圈<br>拆下凸轮轴支架 |
| 6 | | 松开螺栓 1 |
| 7 | | 松开螺栓 1 |

续表

| 序号 | 项目 | 内容 |
|---|---|---|
| 8 | 拆卸气缸盖 | 将螺栓1~14从外向内松开1/2圈<br>拆下气缸盖 |
| 9 | | 注意:<br>①预热塞的密封面凸起,在安装气缸盖时可能会被损坏<br>②正确放置气缸盖,防止预热塞受损<br>③如有必要,用专用工具11 6 050拆下预热塞 |
| 10 | | 安装说明:不要对发动机缸体进行改变活塞伸出量的操作,使用带有相同厚度标记(孔数)的气缸盖密封件1 |
| 11 | | 用专用工具11 4 470清洁密封面<br>用直尺2检测气缸盖1的平整度<br>纵向最大平面度偏差0.10mm<br>横向最大平面度偏差0.05mm |
| 12 | | 将专用工具00 2 530与千分表1定位在阀门上<br>确定气门缩进量 |

续表

| 序号 | 项目 | 内容 |
| --- | --- | --- |
| 13 | 拆卸气缸盖 | 将专用工具 00 2 530 与千分表 1 定位在气缸盖上<br>将千分表 1 调零 |
| 14 | | 用专用工具 11 4 470 清洁密封面<br>如果对曲轴系统或活塞进行了操作，必须重新计算密封厚度<br>测量活塞的伸出量：将千分表和专用工具 00 2 530 支在清洁过的气缸密封面上，预紧后调零 |
| 15 | | 清洁活塞上的测量点 1 和 2<br>将千分表放置在清洁过的活塞的测量点 1 处，并旋转曲轴以确定最高点<br>测量并记录所有 4 个活塞在测量点 1 和 2 处的伸出量 |
| 16 | | 安装说明： 使用密封剂涂抹曲轴箱至正时齿轮箱盖的过渡区域 |
| 17 | | 检查配合套 1 的损坏情况及安装位置是否正确<br>用专用工具 11 4 470 清洁密封面<br>放上新气缸盖密封件 |

续表

| 序号 | 项目 | 内容 |
|---|---|---|
| 18 | 安装气缸盖 | 用专用工具 00 9 120 固定气缸盖螺栓 1 |
| 19 | | 按顺序 1~14 固定气缸盖螺栓<br>第一级：接合力矩 70N·m<br>第二级：松开所有螺栓 180°<br>第三级：接合力矩 50N·m<br>第四级：顺时针旋转螺栓 120°<br>第五级：顺时针旋转螺栓 120° |
| 20 | | 装入螺栓 1 并拧紧。<br>紧固至(19±3)N·m |
| 21 | | 装入螺栓 1 并拧紧<br>紧固至(19±3)N·m |
| 22 | | 注意液压气门间隙补偿元件 1 的正确安装位置 |

续表

| 序号 | 项目 | 内容 |
|---|---|---|
| 23 | 安装气缸盖 | 注意凸轮推杆1的正确安装位置<br><br>注意：在将凸轮轴支架安放到气缸盖上之前，必须将凸轮轴正时齿轮A和E调整到与标记相符 |
| 24 | | 将凸轮轴支架安放到气缸盖上<br>按顺序1~20拧紧螺栓，紧固至13N·m |
| 25 | | 安放链轮与正时链<br>装入螺栓1<br>用10N·m的力矩接合螺栓1<br>将螺栓1松开90° |
| 26 | | 装入链条张紧器1 |

| 序号 | 项目 | 内容 |
|---|---|---|
| 27 | 安装气缸盖 | 将专用工具 11 8 760 安装在排气凸轮轴双平面段上<br>提示：专用工具 11 8 760 必须无间隙地放置在气缸盖上 |
| 28 | | 拧紧凸轮轴螺栓，紧固至 14N·m |

表 1-25　拆卸和安装减振器

| 序号 | 项目 | 内容 |
|---|---|---|
| 1 | 需要的准备工作 | 拆下前部隔音板（仅 F06、F10、F11、F12、F13、F30、F31）<br>拆下集风罩与电动风扇<br>在减振器区域拆下发电机传动带 |
| 2 | 拆卸和安装减振器 | 用合适的工具撬下导向件 2 的护罩 1<br>松开螺栓 3<br>拆下导向件 2 |
| 3 | | 专用工具 11 7 221 和 11 7 222 装配 |
| 4 | | 将专用工具 11 7 221 和 11 7 222 旋入导向定位件<br>将专用工具 11 7 221 固定在减振器 1 上<br>提示：如有必要，用专用工具 11 6 480 沿传动方向旋转减振器，直到听见专用工具 11 7 221 嵌入减振器为止 |

续表

| 序号 | 项目 | 内容 |
|---|---|---|
| 5 | | 松开扭振减振器 2 上的螺栓 1 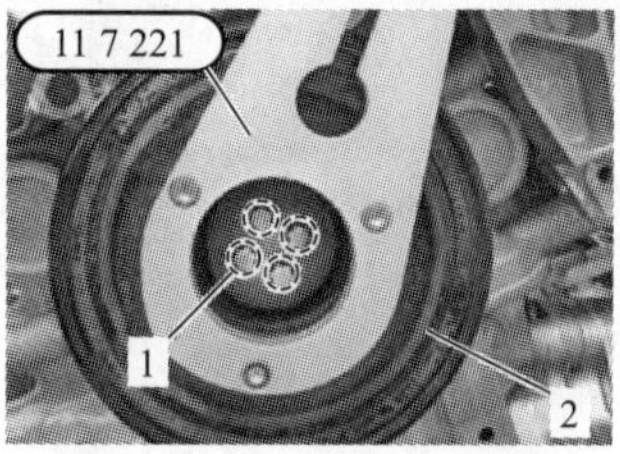 |
| 6 | 拆卸和安装减振器 | 在减振器 1 范围内拆卸专用工具 11 7 221<br>拆下扭振减振器<br>安装说明：<br>①更新螺栓<br>②更新前部径向轴密封环<br>③在减振器范围内再次固定专用工具 11 7 221，以对角方式拧紧螺栓  |
| 7 | | 安装说明：安装时，应按如图箭头所示对减振器进行定位  |

# 第二章 奔驰车系

## 第一节 OM642 发动机

### 一、机油加注

① 更换机油时含机油滤清器滤芯的加注量为 8.5L。
② 放油螺栓力矩：M12 为 30N·m；M14 为 30N·m；M24 为 45N·m。
③ 机油滤清器盖安装力矩为 25N·m。

### 二、发动机相关数据（表 2-1 和表 2-2）

表 2-1 发动机常规数据

| 序号 | 项目 | 规格 |
| --- | --- | --- |
| 1 | 气缸衬套直径 | 标准尺寸：83.009mm<br>组别代码字母 A：83.000～83.006mm<br>组别代码字母 X：83.006～83.012mm<br>组别代码字母 B：83.012～83.018mm<br>修理级 1：83.050mm<br>修理级 2：83.100mm |
| 2 | 气缸衬套 | 纵向和横向的磨损极限：0.02mm<br>气缸形状的允许公差（新件）：0.000～0.007mm<br>磨损极限：0.05mm<br>垂直方向至气缸顶部的允许偏差：0.05mm<br>峰谷高度($R_{3Z}$)：0.002～0.005mm<br>最大峰谷高度($R_{max}$)：0.011mm |
| 3 | 珩磨角度 | 40°～60° |
| 4 | 新曲轴箱情况下的活塞凸出量 | 0.53～0.77mm |
| 5 | 活塞环的垂直间隙 | 凹槽 1：0.12～0.16mm<br>凹槽 2：0.065～0.110mm<br>凹槽 3：0.03～0.07mm |
| 6 | 活塞环端隙 | 凹槽 1：0.40～0.55mm<br>凹槽 2：0.25～0.50mm<br>凹槽 3：0.20～0.40mm |

续表

| 序号 | 项目 | 规格 |
|---|---|---|
| 7 | 活塞直径 | 活塞组 A：82.833～82.839mm<br>活塞组 X：82.838～82.846mm<br>活塞组 B：82.845～82.851mm<br>活塞组＋5：82.876～82.890mm<br>活塞组＋10：82.926～82.940mm |
| 8 | 从连杆轴承孔的中心到连杆衬套孔的距离 | 167.97～168.03mm |
| 9 | 连杆宽度 | 连杆轴承孔(B)：18.1～18.6mm<br>连杆衬套孔(b)：21.94～22.0mm |
| 10 | 连杆轴瓦基孔直径($D_1$) | 67.600～67.614mm |
| 11 | 基孔的允许失圆度或锥度 | 0.007mm |
| 12 | 曲轴轴承间隙(新) | 径向测量值(新)：0.029～0.056mm<br>轴向测量值(新)：0.100～0.254mm |
| 13 | 不带凸轮轴外壳的气缸盖高度($H$) | 128.35～128.65mm |
| 14 | 使用新气门及新气门座圈时的气门凹进量 | 排气门：0.7～1.1mm<br>进气门：1.0～1.4mm |
| 15 | 曲轴轴颈直径 | 修理级 1：75.960～75.965mm<br>修理级 2：75.955～75.960mm<br>修理级 3：75.950～75.955mm<br>修理级 4：75.945～75.950mm<br>修理级 5：75.940～75.945mm |
| 16 | 配合轴承处的曲轴轴颈宽度 | 29.500～29.533mm |

表 2-2 发动机螺栓力矩

| 序号 | 项目 | 规格 |
|---|---|---|
| 1 | 连接脉动缓冲器到曲轴箱 | 30N·m |
| 2 | 减振器中央螺栓 | 第一级：200N·m<br>第二级：90°<br>第三级：90° |
| 3 | 连接双质量飞轮/驱动盘到曲轴 | 第一级：45N·m<br>第二级：90° |
| 4 | 连接机油泵到曲轴箱 | 19N·m |
| 5 | 连接挡油板/吸油管到曲轴箱/机油泵 | 12N·m |
| 6 | 连接吸油管到管凸缘/油底壳 | 12N·m |
| 7 | 连接管凸缘到机油泵 | 14N·m |
| 8 | 连接换向阀到机油泵 | 4N·m |
| 9 | 连接机油滤清器盖到机油滤清器壳 | 25N·m |
| 10 | 连接机油滤清器壳到正时箱/曲轴箱 | 15N·m |
| 11 | 连接支架到机油滤清器壳/气缸盖罩 | 12N·m |
| 12 | 连接热交换器到曲轴外壳 | 12N·m |
| 13 | 连接前端机油冷却器顶部支架到前端机油冷却器底部支架 | 8N·m |
| 14 | 连接油管到前端机油冷却器 | 8N·m |

续表

| 序号 | 项目 | 规格 |
| --- | --- | --- |
| 15 | 连接轴承衬套到平衡轴后部 | 第一级:20N·m<br>第二级:90° |
| 16 | 连接平衡轴盖到曲轴箱后部 | 8N·m |
| 17 | 连接曲轴箱前部到平衡轴 | 9N·m |
| 18 | 连接气缸盖到曲轴箱 | 20N·m |
| 19 | 连接气缸盖到曲轴箱 | 第一级:10N·m<br>第二级:60N·m<br>第三级:90°<br>第四级:90°<br>第五级:90° |
| 20 | 连接排气歧管到气缸盖(柱螺栓) | 20N·m |
| 21 | 气缸盖上的凸轮轴固定支架 | 8N·m |
| 22 | 连接排气系统支架到右侧气缸盖 | 11N·m |
| 23 | 连接吊耳到气缸盖 | 14N·m |
| 24 | 连接曲轴轴承盖到曲轴轴承体 | 第一级:5N·m<br>第二级:35N·m<br>第三级:95°<br>第四级:95° |
| 25 | 连接曲轴外壳到曲轴轴承盖 | 第一级:5N·m<br>第二级:95° |
| 26 | 连接后部端盖到气缸体曲轴箱 | 第一级:8N·m<br>第二级:10N·m |
| 27 | 连接前部端盖到气缸体曲轴箱 | 9N·m |
| 28 | 曲轴箱下部的螺钉/螺栓 | M6:8.5N·m<br>M8:20N·m<br>M11:第一级:20N·m<br>　　第二级:50N·m<br>　　第三级:95°<br>　　第四级:95° |
| 29 | 连接正时箱盖到气缸体曲轴箱 | 10N·m |
| 30 | 左侧水套的供水螺旋塞 | 45N·m |
| 31 | 机油滤清器上游的压力油供给螺塞(外部) | 30N·m |
| 32 | 机油喷嘴的螺钉/螺栓 | 8N·m |
| 33 | 连接气缸盖罩到气缸盖 | 第一级:施加 4N·m<br>第二级:初始扭矩 6N·m<br>第三级:最终扭矩 9N·m |
| 34 | 连接气缸盖罩饰板到气缸盖 | 9N·m |
| 35 | 连接支架到气缸盖 | 9N·m |
| 36 | 连接支架到气缸盖罩 | 9N·m |
| 37 | 连接机油分离器/排气阀到气缸盖罩 | 14N·m |
| 38 | 连接排气阀/盖到气缸盖 | 9N·m |
| 39 | 连接油底壳顶部到曲轴箱下半部前侧 | 14N·m |

续表

| 序号 | 项目 | 规格 |
| --- | --- | --- |
| 40 | 连接油底壳顶部到曲轴箱变速箱侧 | 20N·m |
| 41 | 连接油底壳底部到油底壳顶部 | 14N·m |
| 42 | 连接支架到油底壳上部件 | M6:14N·m<br>M8:20N·m |
| 43 | 连接吸油管到油底壳及气缸盖罩 | 14N·m |
| 44 | 油底壳上的放油螺塞 | M12:30N·m<br>M14:30N·m<br>M24:45N·m |
| 45 | 连接油底壳到曲轴箱 | M6:14N·m<br>M8:20N·m |
| 46 | 连接油底壳到正时箱盖罩 | 14N·m |
| 47 | 连接油底壳到后部曲轴箱密封件 | 14N·m |
| 48 | 连接导向管到油底壳/前轴外壳 | 12N·m |
| 49 | 连接机油管支架到油底壳 | 11N·m |
| 50 | 连接导向管到消音器支架 | 14N·m |
| 51 | 连接螺旋塞到油底壳 | 45N·m |
| 52 | 油尺导向管的螺钉/螺栓 | 11N·m |
| 53 | 连接发动机油温度传感器到油底壳底部 | 31N·m |
| 54 | 机油液位检查开关处的螺钉/螺栓 | 11N·m |
| 55 | 连接机油液位开关支架到油底壳 | 11N·m |
| 56 | 连接机油温度传感器到油底壳顶部 | 31N·m |
| 57 | 连接机油液位开关电气连接器到油底壳 | 11N·m |

## 第二节　OM651 发动机

### 一、机油加注

① 更换机油时含机油滤清器滤芯的加注量为 7L。
② 放油螺栓力矩为 30N·m。
③ 机油滤清器盖安装力矩为 25N·m。

### 二、发动机相关数据（表 2-3 和表 2-4）

表 2-3　发动机常规数据

| 序号 | 项目 | 规格 |
| --- | --- | --- |
| 1 | 气缸衬套直径 | 标准尺寸:83.007mm<br>组别代码字母 X:83.000~83.014mm<br>修理级:83.600~83.660mm |
| 2 | 曲轴轴承 | 基孔直径:64.000~64.019mm<br>配合轴承上的基孔宽度:21.447~21.480mm<br>基孔的允许失圆度和锥度:0.007mm |

续表

| 序号 | 项目 | 规格 |
|---|---|---|
| 3 | 自轴承基孔中心起的曲轴箱高度($H$) | $(241.0\pm0.3)$mm |
| 4 | 曲轴箱的高度($H_1$) | $(306.00\pm0.18)$mm |
| 5 | 至基本轴承孔中心的高度($H_2$) | $(65.00\pm0.15)$mm |
| 6 | 曲轴轴承间隙(新) | 径向测量值(新):0.028～0.063mm<br>轴向测量值(新):0.110～0.300mm |
| 7 | 活塞直径 | 标准尺寸<br>　默认值:82.822mm<br>　活塞组 X:82.814～82.830mm<br>修理级<br>　活塞组+60:83.355～83.475mm |

表 2-4　发动机螺栓力矩

| 序号 | 项目 | 规格 |
|---|---|---|
| 1 | 连接中间齿轮到曲轴箱 | 80N·m |
| 2 | 连接皮带轮到曲轴 | 横向发动机安装<br>　第一级:80N·m<br>　第二级:90°<br>纵向发动机安装:<br>　第一级:80N·m<br>　第二级:90° |
| 3 | 连接双质量飞轮/驱动盘到曲轴 | 第一级:45N·m<br>第二级:90° |
| 4 | 连接喷油嘴到曲轴箱 | 5N·m |
| 5 | 冷却机油控制阀的支座 | 50N·m |
| 6 | 连接机油泵到曲轴箱 | 第一级:8N·m<br>第二级:90° |
| 7 | 连接吸油管到轴承壳体 | M6<br>　第一级:6N·m<br>　第二级:90°<br>M8:34N·m |
| 8 | 连接挡油板到轴承壳体 | 第一级:6N·m<br>第二级:90° |
| 9 | 连接吸油管到曲轴箱 | 第一级:6N·m<br>第二级:90° |
| 10 | 连接液压阀到曲轴箱 | 5N·m |
| 11 | 连接螺纹盖到机油滤清器壳 | 25N·m |
| 12 | 连接机油滤清器壳到曲轴箱 | M6:10N·m<br>M8:20N·m |
| 13 | 连接热交换器到机油滤清器底座板 | 10N·m |
| 14 | 连接连杆轴承盖到连杆 | 第一级:5N·m<br>第二级:25N·m<br>第三级:90° |
| 15 | 连接驱动齿轮到平衡轴 | 第一级:50N·m<br>第二级:90° |

续表

| 序号 | 项目 | 规格 |
|---|---|---|
| 16 | 连接正时箱盖罩到曲轴箱/气缸盖/油底壳顶部 | 20N·m |
| 17 | 连接曲轴箱下半部到曲轴箱 | 9N·m |
| 18 | 连接放油螺塞到曲轴箱 | 70N·m |
| 19 | 后部油槽的螺旋塞 | 45N·m |
| 20 | 连接主总成托架到曲轴箱 | M6:9N·m<br>M8:20N·m |
| 21 | 连接驱动齿轮到平衡轴 | 第一级:50N·m<br>第二级:90° |
| 22 | 连接气缸盖罩到气缸盖 | 9N·m |
| 23 | 连接凸轮轴链轮到凸轮轴 | 第一级:55N·m<br>第二级:90° |
| 24 | 连接油底壳顶部到曲轴箱/曲轴箱下部 | M6:10N·m<br>M8:22N·m |
| 25 | 连接油底壳底部到油底壳顶部 | 10N·m |
| 26 | 油底壳上的放油螺塞 | 30N·m |
| 27 | 连接隔热板到油底壳 | 9N·m |
| 28 | 连接油底壳支架到曲轴箱 | 60N·m |
| 29 | 连接油底壳顶部到曲轴箱下半部 | 10N·m |
| 30 | 连接油底壳顶部到正时箱 | 20N·m |
| 31 | 连接液位传感器的支架 | 9N·m |
| 32 | 连接油尺导向管固定件 | 9N·m |
| 33 | 气缸盖中的链条张紧器 | 80N·m |
| 34 | 连接链条箱盖到气缸盖 | 9N·m |
| 35 | 链条润滑螺栓 | 9N·m |
| 36 | 正时链铆接元件的销 | 32N·m |

# 第三节 OM654 发动机

## 一、机油加注

① 更换机油时含机油滤清器滤芯的加注量为 6L。
② 放油螺栓力矩为 30N·m。
③ 机油滤清器盖安装力矩为 25N·m。

## 二、发动机螺栓力矩（表 2-5）

表 2-5 发动机螺栓力矩

| 序号 | 项目 | 规格 |
|---|---|---|
| 1 | 连接轴颈/中间齿轮到气缸盖 | 57N·m |

续表

| 序号 | 项目 | 规格 |
|---|---|---|
| 2 | 连接皮带轮/减振器到曲轴 | 第一级:50N·m<br>第二级:45°<br>第三级:45°<br>第四级:45°<br>第五级:45° |
| 3 | 连接双质量飞轮/驱动盘到曲轴 | 第一级:45N·m<br>第二级:90° |
| 4 | 连接驱动齿轮到驱动轴 | 62N·m |
| 5 | 连接液压阀到曲轴箱 | 20N·m |
| 6 | 连接机油泵到曲轴箱 | 第一级:8N·m<br>第二级:90° |
| 7 | 连接吸油管到油底壳顶部 | 8N·m |
| 8 | 连接螺纹盖到机油滤清器壳 | 25N·m |
| 9 | 连接机油滤清器壳(主总成托架)到曲轴箱 | 10N·m |
| 10 | 连接液压阀到机油滤清器壳 | 20N·m |
| 11 | 连接凸轮轴链轮到凸轮轴 | 第一级:50N·m<br>第二级:90° |
| 12 | 连接凸轮轴外壳到气缸盖 | 第一级:6N·m<br>第二级:90° |

# 第三章 奥迪车系

## 第一节 2.0L（CSUD）EA288 发动机

### 一、发动机螺栓力矩（表 3-1）

表 3-1 发动机螺栓力矩

| 序号 | 项目 | 规格 | 序号 | 项目 | 规格 |
|---|---|---|---|---|---|
| 1 | 多楔带张紧装置螺栓 | 20N·m+90° | 10 | 气缸盖罩螺栓 | 9N·m |
| 2 | 曲轴皮带轮螺栓 | 10N·m+90° | 11 | 气缸盖螺栓 | 第一级:30N·m<br>第二级:65N·m<br>第三级:拧紧 90°<br>第四级:拧紧 90° |
| 3 | 皮带盘侧的密封法兰螺栓 | 13N·m | | | |
| 4 | 变速箱侧的密封法兰螺栓 | 15N·m | 12 | 凸轮轴外壳螺栓 | 第一级:8N·m<br>第二级:90° |
| 5 | 飞轮螺栓 | 60N·m+90° | 13 | 凸轮轴调节器外壳螺栓 | 8N·m |
| 6 | 活塞连杆轴承盖螺栓 | 30N·m+90° | 14 | 放油螺栓 | 30N·m |
| | | | 15 | 机油吸入管螺栓 | 8N·m+90° |
| 7 | 曲轴齿形带轮螺栓 | 第一级:180N·m<br>第二级:用固定扳手顺时针加转 90°<br>第三级:用固定扳手顺时针加转 45° | 16 | 机油泵螺栓 | 12N·m+180° |
| | | | 17 | 油底壳螺栓 | 13N·m |
| | | | 18 | 机油滤清器盖 | 25N·m |
| 8 | 正时张紧轮螺栓 | 20N·m+45° | 19 | 机油滤清器壳螺栓 | 20N·m+90° |
| 9 | 稳定轮螺栓 | 20N·m | | | |

## 二、发动机零部件拆装（表 3-2~表 3-5）

**表 3-2　拆卸和安装飞轮**

| 序号 | 项目 | 内容 |
|---|---|---|
| 1 | 拆卸飞轮 | 将固定支架 10-201 插入气缸体上的孔中（图中位置 A、B），松开飞轮螺栓 |
| 2 | | 注意：<br>①飞轮上轴承法兰外表面有损坏危险<br>②松开和拧紧飞轮螺栓时，请使用连接杆长度至少 40mm 的内花纹套筒扳手 |
| 3 | | 旋出螺栓并取下飞轮 |
| 4 | 安装飞轮 | 安装以倒序进行，同时要注意下列事项：<br>①更新拧紧时需要使螺栓继续旋转一个角度<br>②在带手动变速箱的车辆上，滚针轴承在从动盘中。安装前检查滚针轴承是否已装入。压出和压入从动盘上的滚针轴承 |
| 5 | | 安装从动盘时，要注意固定销 |
| 6 | | 将固定支架 10-201 插入气缸体上的孔中，固定从动盘螺栓 |

**表 3-3　拆卸和安装气缸盖**

| 序号 | 项目 | 内容 |
|---|---|---|
| 1 | 拆卸气缸盖 | 拆卸左后冷却液管 |
| 2 | | 拆卸左上冷却液管 |
| 3 | | 拆卸节气门控制单元 J338 和连接套管 |
| 4 | | 拆卸废气净化模块 |
| 5 | | 拧出螺栓 1 和锁紧螺母 4<br>拧出螺栓 2、3，取下机油回流管 |

续表

| 序号 | 项目 | 内容 |
|---|---|---|
| 6 | | 拧出螺栓1,将螺栓2、3只松开一圈,但不拧出,向前按压废气净化模块的支架 |
| 7 | | 将发动机降到右侧发动机支座上,然后取出支撑工装10-222A |
| 8 | 拆卸气缸盖 | 松开软管夹圈3,拆下冷却液软管<br>松开螺栓4<br>拧出螺栓1和螺母2,将后部冷却液管路略微向后按压 |
| 9 | | 拆卸凸轮轴外壳 |
| 10 | | 脱开废气再循环伺服电动机V338上的电插头(箭头)并露出电导线 |
| 11 | | 抬起固定夹(箭头),脱开冷却液软管 |

续表

| 序号 | 项目 | 内容 |
|---|---|---|
| 12 | 拆卸气缸盖 | 松开软管夹圈 2,拆下冷却液软管<br>旋出螺栓 1<br>抬起固定夹 3,拆下冷却液加注口 |
| 13 | | 松开螺栓 1<br>拧出机油尺导管螺栓 2<br>拧出进气管支架的螺栓 3 |
| 14 | | 脱开电插头 3<br>拧出螺栓 1,将盖板 2 留在安装位置 |
| 15 | | 脱开"气缸 1"预热塞的电插头<br>将电线束露出并置于一侧 |
| 16 | | 按顺序 1~10 松开气缸盖螺栓 |

续表

| 序号 | 项目 | 内容 |
|---|---|---|
| 17 | 拆卸气缸盖 | 注意:为了取出气缸盖,需要另一位机械师帮忙 |
| 18 | | 将气缸盖向左从后部齿形皮带护罩中翻出,同时取下张紧轮 |
| 19 | | 应确保废气涡轮增压器的机油回流管不会损坏 |
| 20 | | 放置气缸盖,使得回油管路不会弯折。必要时,在排气弯管下放置木块 |
| 21 | 安装气缸盖 | 提示:<br>①不允许修整 TDI 发动机的气缸盖<br>②气门座之间有裂纹的气缸盖在裂纹最大 0.5mm 宽时,不会减少使用寿命,可继续使用<br>③更新拧紧时需要继续使螺栓旋转一个角度<br>④更新自锁螺母、密封环、密封件和 O 形环<br>⑤给滚轮拖杆和凸轮滑道之间的接触面上油<br>⑥用标配软管卡箍固定所有软管连接<br>⑦在更换气缸盖或气缸盖密封垫时必须更换全部冷却液和机油 |
| 22 | | 安装气缸盖前,拆除曲轴制动器 T10490,并将曲轴逆发动机运转方向倒转,直至所有活塞几乎均匀位于"上止点"下为止 |
| 23 | | 如果气缸体中没有用于气缸体和气缸盖对中心的空心定位销,则插入空心定位销 |
| 24 | | 将气缸盖密封件放到气缸体中的空心定位销(箭头)上 |
| 25 | | 装上气缸盖 |
| 26 | | 装入气缸盖螺栓并拧紧 |
| 27 | | 安装凸轮轴外壳 |
| 28 | | 沿发动机运转方向转动曲轴,直到曲轴制动器 T10490 的销轴(箭头)通过旋转卡入密封法兰中 |
| 29 | | 安装齿形皮带(调整配气相位) |
| 30 | | 将支撑工装 10-222A 重新放到左侧和右侧翼子板螺栓连接棱边上 |
| 31 | | 将钩子 10-222A/10 挂在右后发动机吊耳上 |
| 32 | | 将发动机用钩子抬起,直到右侧发动机支座松开 |
| 33 | | 安装废气净化模块的支架 |
| 34 | | 安装废气净化模块 |
| 35 | | 安装节气门控制单元 J338 |

续表

| 序号 | 项目 | 内容 |
|---|---|---|
| 36 | 安装气缸盖 | 用插塞连接器连接冷却液软管 |
| 37 | | 更换冷却液 |

表 3-4　拆卸和安装油底壳

| 序号 | 项目 | 内容 |
|---|---|---|
| 1 | 拆卸油底壳 | 机油已排出 |
| 2 | | 拆卸副车架 |
| 3 | | 拆卸扭矩支承 |
| 4 | | 脱开机油油位和机油温度传感器 G266 上的电插头（箭头）<br>露出油底壳上的电导线束 |
| 5 | | 拧出连接油底壳与变速箱的螺栓（箭头）<br>以交叉方式松开螺栓 1～18 并拧出<br>将油底壳小心地从黏结连接中松开 |
| 6 | 安装油底壳 | 用旋转的塑料刷等工具去除油底壳和气缸体上的密封剂残留物<br>清洁密封面；密封面上必须无油和油脂 |

续表

| 序号 | 项目 | 内容 |
|---|---|---|
| 7 | 安装油底壳 | 如图所示,将密封剂条涂覆到油底壳的干净密封面上<br>密封剂条的厚度为 1.6~1.9mm<br>注意:<br>①在后部密封法兰区域内要特别小心地涂覆密封剂条(箭头)<br>②油底壳必须在涂抹密封剂后 5min 内安装 |
| 8 | | 安装机油防溅板 |
| 9 | | 安装油底壳并拧紧螺栓 |
| 10 | | 油底壳必须齐平紧贴在变速箱法兰隔板上 |
| 11 | | 注意:<br>①在将油底壳安装到拆下的发动机上时必须使油底壳在飞轮侧与气缸体齐平<br>②安装油底壳后必须让密封剂硬化约 30min,才能加注机油 |
| 12 | | 电气接口和线路布置 |
| 13 | | 安装扭矩支承 |
| 14 | | 加注机油并检查油位 |

表 3-5 拆卸和安装机油泵

| 序号 | 项目 | 内容 |
|---|---|---|
| 1 | 拆卸机油泵 | 拆卸油底壳 |
| 2 | | 拧出螺栓(箭头),取下机油泵 1 |
| 3 | 安装机油泵 | 注意:不允许松开泵轮上的螺栓 |
| 4 | | 安装以倒序进行,同时要注意下列事项:<br>①更换密封件<br>②更新拧紧时需要继续使螺栓旋转一个角度 |

| 序号 | 项目 | 内容 |
|---|---|---|
| 5 | 安装机油泵 | 如果在机油泵中没有空心定位销（箭头），则插入空心定位销<br>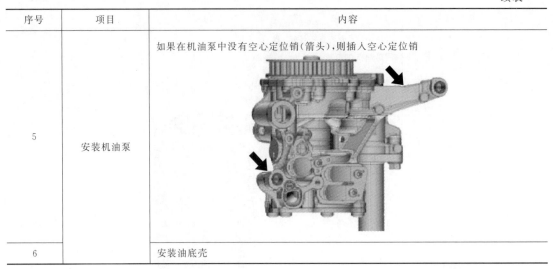 |
| 6 | | 安装油底壳 |

## 第二节　3.0L（CZVA）EA897发动机

### 一、发动机螺栓力矩（表3-6）

表3-6　发动机螺栓力矩

| 序号 | 项目 | 规格 | 序号 | 项目 | 规格 |
|---|---|---|---|---|---|
| 1 | 曲轴皮带轮螺栓 | 150N·m+90° | 14 | 机油泵驱动链滑轨螺栓 | 5N·m+90° |
| 2 | 导向辊螺栓 | 30N·m | 15 | 机油泵驱动链张紧轨螺栓 | 5N·m+90° |
| 3 | 夹紧工装螺栓 | 50N·m+90° | | | |
| 4 | 水泵皮带轮 | 23N·m | 16 | 气缸盖螺栓 | 第一级:35N·m<br>第二级:50N·m<br>第三级:拧紧90°<br>第四级:拧紧90°<br>第五级:拧紧90° |
| 5 | 飞轮螺栓 | 60N·m+90° | | | |
| 6 | 曲轴箱螺栓 | 第一级:30N·m<br>第二级:50N·m<br>第三级:拧紧180° | | | |
| 7 | 连杆轴承盖螺栓 | 35N·m+90° | 17 | 气缸盖罩螺栓 | 9N·m |
| 8 | 正时链上盖板螺栓 | 第一级:8N·m<br>第二级:8N·m<br>第三级:拧紧90° | 18 | 机油泵螺栓 | 8N·m+90° |
| 9 | 正时链下部盖板螺栓 | 第一级:2N·m<br>第二级:8N·m<br>第三级:拧紧90° | 19 | 油底壳上部件螺栓 | 第一级:2N·m<br>第二级:5N·m<br>第三级:拧紧180° |
| 10 | 凸轮轴链轮螺栓 | 23N·m | 20 | 油底壳下部件螺栓 | 第一级:2N·m<br>第二级:3N·m<br>第三级:拧紧45° |
| 11 | 凸轮轴正时链条张紧器 | 5N·m+90° | 21 | 放油螺栓 | 30N·m |
| 12 | 高压泵驱动链条张紧器螺栓 | 5N·m+90° | 22 | 机油滤清器盖螺栓 | 35N·m |
| 13 | 高压泵驱动链条张紧轨螺栓 | 5N·m+90° | 23 | 机油滤清器壳螺栓 | 9N·m |

## 二、发动机零部件拆装（表 3-7～表 3-11）

表 3-7 拆卸和安装平衡轴

| 序号 | 项目 | 内容 |
|---|---|---|
| 1 | | 拆卸皮带盘侧密封法兰 |
| 2 | | 拆卸正时链下部盖板 |
| 3 | 拆卸平衡轴 | 将扳手 T40049 拧紧在曲轴上（箭头）<br>仅向发动机运转方向（虚箭头）转动曲轴 |
| 4 | | 将曲轴沿发动机转动方向转到"上止点"<br>凸轮轴必须能用定位芯棒 T10060A 卡止<br>将气缸列 1（右侧）的排气凸轮轴用定位芯棒 T10060A 对准孔（箭头）卡止在"上止点"上 |
| 5 | | 将气缸列 2（左侧）的进气凸轮轴用定位芯棒 T10060A 对准孔（箭头）卡止在"上止点"上 |
| 6 | | 将螺旋塞（箭头）从油底壳上部件中拧出 |

续表

| 序号 | 项目 | 内容 |
|---|---|---|
| 7 | | 将固定螺栓 T40237 用 20N·m 的力矩拧紧在孔中；必要时稍微来回转动曲轴 1，以便完全对准螺栓 |
| 8 | | 沿箭头方向按压凸轮轴正时链链条张紧器的张紧轨，并用定位销 T40316 卡住链条张紧器 |
| 9 | 拆卸平衡轴 | 用定位销 3359 卡止平衡轴<br>拧出螺栓（箭头），将驱动链轮 1 从平衡轴上取下 |
| 10 | | 注意：凸轮轴正时链既不得从凸轮轴链轮上取下，也不得从曲轴上取下 |
| 11 | | 拧出皮带轮侧的螺栓（箭头），将平衡重 1 和垫片 2 从平衡轴上取下 |
| 12 | | 在变速箱侧取下定位销 3359，然后向后取出平衡轴 1 |

续表

| 序号 | 项目 | 内容 |
|---|---|---|
| 13 | | 安装以倒序进行 |
| 14 | | 用固定螺栓 T40237 将曲轴固定在"上止点"位置 |
| 15 | | 将气缸1(右侧)的排气凸轮轴用定位芯棒 T10060A 卡止在"上止点"上 |
| 16 | | 将气缸列2(左侧)的进气凸轮轴用定位芯棒 T10060A 卡止在"上止点"上 |
| 17 | | 在变速箱侧将平衡轴置于安装位置,然后用定位销 3359 将其卡止在"上止点" |
| 18 | | 将皮带轮侧的垫片1置于安装位置,并将平衡重2安装到平衡轴上<br>平衡重上的铣削面(箭头)必须靠在平衡轴的铣削面上 |
| 19 | 安装平衡轴 | 在变速箱侧将驱动链轮和凸轮轴正时链安装到平衡轴上 |
| 20 | | 驱动链轮上的长孔必须位于平衡轴螺纹孔的中间位置 |
| 21 | | 驱动链轮必须在中间传动装置上能转动并且不得翻转 |
| 22 | | 沿箭头方向按压凸轮轴正时链链条张紧器的张紧轨,并拆下定位销 T40316<br>松开链条张紧器 |
| 23 | | 拧紧平衡轴驱动链轮的螺栓 |
| 24 | | 取下固定螺栓 T40237 和定位销 3359 |
| 25 | | 取下左侧和右侧定位芯棒 T10060A |
| 26 | | 安装正时链的下部盖板 |
| 27 | | 安装皮带盘侧密封法兰 |

表 3-8 拆卸和安装高压泵驱动链

| 序号 | 项目 | 内容 |
|---|---|---|
| 1 | | 拆卸凸轮轴正时链 |
| 2 | 拆卸高压泵驱动链 | 取下滑轨1~3和张紧轨4 |

续表

| 序号 | 项目 | 内容 |
|---|---|---|
| 3 | 安装高压泵驱动链 | 沿箭头方向按压链条张紧器的张紧轨,并用定位销 T40316 卡住链条张紧器<br>拧出螺栓1,然后取下张紧轨<br>取下高压泵驱动链,为此略微拔出高压泵链轮(箭头) |

表3-9 拆卸和安装气缸列2(左侧)气缸盖罩

| 序号 | 项目 | 内容 |
|---|---|---|
| 1 | | 拆卸高压蓄压器(油轨) |
| 2 | | 拆卸喷射单元 |
| 3 | | 拆卸进气管风门电动机 V157 |
| 4 | 拆卸气缸列2(左侧)气缸盖罩 | 拧出螺栓2并松开螺旋卡箍<br>取下还原剂喷射阀 N474(图中位置1),置于一侧<br>脱开气缸列2(左侧)预热塞上的电插头 |
| 5 | | 将废气再循环温度传感器 G98(图中位置2)的电插头3从支架中取出并脱开,露出电导线,然后将其压到一侧(1表示管路) |
| 6 | | 露出电导线和 SCR 输送管路 |
| 7 | | 按顺序松开螺栓 |
| 8 | | 拧出螺栓,取下气缸盖罩,操作时留意电导线 |
| 9 | 安装气缸列2(左侧)气缸盖罩 | 检查凸轮轴轴承盖的双螺栓的拧紧力矩 |
| 10 | | 清洁密封面上的机油和油脂<br>在前部标记处切开管口(管口直径约2mm) |

续表

| 序号 | 项目 | 内容 |
|---|---|---|
| 11 | 安装气缸列 2(左侧)气缸盖罩 | 在正时链的气缸盖/左上方盖板过渡区域各涂覆一条密封剂条 |
| 12 | | 拧紧气缸盖罩的螺栓和螺母 |
| 13 | | 安装进气管风门电动机 V157 |
| 14 | | 安装喷射单元 |
| 15 | | 安装高压蓄压器(油轨) |
| 16 | | 进行燃油系统密封性检测 |

表 3-10  拆卸和安装拆卸气缸列 1(右侧)气缸盖

| 序号 | 项目 | 内容 |
|---|---|---|
| 1 | 拆卸气缸列 1 (右侧)气缸盖 | 排出冷却液 |
| 2 | | 从凸轮轴链轮上拆下凸轮轴正时链 |
| 3 | | 拆卸右侧凸轮轴 1<br><br>（图示） |
| 4 | | 注意：<br>①如果螺栓(箭头)被松开,则必须重新调节齿侧间隙<br>②只有当需要更换气缸盖,并且将中间传动装置改装到新的气缸盖上时,才松开螺栓 |
| 5 | | 将前部冷却液管拧下,然后从受特性曲线控制的发动机冷却装置的节温器 F265 上拔下 |
| 6 | | 拧出螺栓(箭头),将冷却液接管 1 压至一侧<br><br>（图示） |
| 7 | | 拧出导向销 1<br>如图所示,将固定件 T40309/2 用密配螺栓 T40309/3 固定到气缸盖上<br>支撑张紧轨,为此拧入支架 T40309/1 的滚花螺栓 3,直至固定件 T40309/2 紧贴张紧轨<br>松开导向销 2 并用手拧出 |

续表

| 序号 | 项目 | 内容 |
|---|---|---|
| 8 | 拆卸气缸列 1（右侧）气缸盖 | 注意：<br>①为了避免损坏气缸盖内的螺纹，张紧轨的导向销必须能够被轻松拧出。必要时再略微拧紧滚花螺栓 3<br>②松开滚花螺栓 3，拧出密配螺栓 T40309/3，取下固定件 T40309/2 |
| 9 | | 按顺序 1~8 松开气缸盖螺栓<br>旋出螺栓，将气缸盖小心地取下 |
| 10 | | 注意：用干净的抹布或发动机密封塞套件 VAS 6122 彻底清洁的塞子封闭进气侧管和排气侧管的敞开通道 |
| 11 | 安装气缸列 1（右侧）气缸盖 | 注意：<br>①拆卸后更换螺栓时需要继续旋转一个角度<br>②拆卸后应更换自锁螺母以及密封环、密封件和 O 形环<br>③不允许修整 TDI 发动机的气缸盖<br>④如果安装一个翻新气缸盖，在安装气缸盖罩之前必须在滚轮拖杆与凸轮滑轨之间的接触面上涂油<br>⑤用标配软管卡箍固定所有软管连接<br>⑥在更换气缸盖或气缸盖密封垫时必须更换全部冷却液和机油 |
| 12 | | 安放气缸盖密封件<br>注意气缸体中的空心定位销（箭头）<br>气缸盖密封垫的安装位置：标记"上部"或者零件号指向气缸盖 |
| 13 | | 装上气缸盖 |

续表

| 序号 | 项目 | 内容 |
|---|---|---|
| 14 | | 拧紧气缸盖螺栓<br>第一级：35N·m<br>第二级：50N·m<br>第三级：拧紧90°<br>第四级：拧紧90°<br>第五级：拧紧90° |
| 15 | 安装气缸列1（右侧）气缸盖 | 用手拧入滑轨导向销1并拧紧<br>如图所示，将固定件T40309/2用密配螺栓T40309/3固定到气缸盖上<br>将张紧轨对准气缸盖内的导向销螺纹孔，为此拧入支架T40309/1的滚花螺栓3，直至固定件T40309/2在安装位置上对准张紧轨<br>用手拧入导向销2并拧紧<br>松开滚花螺栓3，拧出密配螺栓T40309/3，取下固定件T40309/2 |
| 16 | | 安装前部冷却液管 |
| 17 | | 安装凸轮轴正时链 |
| 18 | | 更换冷却液 |

表3-11 拆卸和安装机油泵

| 序号 | 项目 | 内容 |
|---|---|---|
| 1 | | 机油泵要与真空泵一起拆装 |
| 2 | | 拆卸油底壳下部件 |
| 3 | | 拆卸皮带盘侧密封法兰 |
| 4 | 拆卸机油泵 | 拧出螺栓（箭头），为此将机油泵链轮用固定支架T10172 A和适配接头T10172/9固定 |

续表

| 序号 | 项目 | 内容 |
| --- | --- | --- |
| 5 | 拆卸机油泵 | 将张紧轨 1 向上按压（箭头），取下链轮 2<br>松开张紧轨 |
| 6 | | 拧出螺栓（箭头），取下机油防溅板 1 |
| 7 | | 拧出螺栓 1~3，取下机油泵 |
| 8 | 安装机油泵 | 注意：拆卸后应更换 O 形环 |
| 9 | | 检查机油泵内是否有 2 个配合套。空心定位销缺失时安装新空心定位销 |
| 10 | | 注意链轮的安装位置：链轮和机油泵上的平坦位置必须相互对准（箭头） |

续表

| 序号 | 项目 | 内容 |
|---|---|---|
| 11 | 安装机油泵 | 拧紧螺栓（箭头），为此将机油泵链轮用固定支架 T10172A 和适配接头 T10172/9 固定 |
| 12 | | 安装油底壳下部件 |
| 13 | | 安装皮带盘侧密封法兰 |

## 第三节　4.2L（CTEC）发动机

### 一、发动机螺栓力矩（表 3-12）

表 3-12　发动机螺栓力矩

| 序号 | 项目 | 规格 | 序号 | 项目 | 规格 |
|---|---|---|---|---|---|
| 1 | 曲轴皮带轮螺栓 | 30N·m+45° | 12 | 凸轮轴链条张紧器螺栓 | 5N·m+90° |
| 2 | 多楔带张紧元件螺栓 | 50N·m | 13 | 正时驱动链条张紧器螺栓 | 5N·m+90° |
| 3 | 多楔带张紧元件下部螺栓 | 15N·m+90° | 14 | 正时驱动链条滑轨螺栓 | 5N·m+90° |
| 4 | 皮带盘侧的密封法兰螺栓 | 9N·m | 15 | 气缸盖螺栓 | 第一级：35N·m<br>第二级：60N·m<br>第三级：拧紧90°<br>第四级：拧紧90° |
| 5 | 密封法兰盖板螺栓 | 6N·m |
| 6 | 飞轮螺栓 | 60N·m+90° |
| 7 | 曲轴箱螺栓 | 第一级：30N·m<br>第二级：50N·m<br>第三级：拧紧90° | 16 | 气缸盖罩螺栓 | 8N·m+90° |
| 17 | 放油螺栓 | 30N·m |
| 8 | 连杆轴承盖螺栓 | 35N·m+90° | 18 | 油底壳下部件螺栓 | 第一级：5N·m<br>第二级：8N·m<br>第三级：拧紧90° |
| 9 | 凸轮轴链轮螺栓 | 24N·m |
| 10 | 凸轮轴链条滑轨螺栓 | 5N·m+90° | 19 | 油底壳上部件螺栓 | 第一级：5N·m<br>第二级：15N·m |
| 11 | 凸轮轴链条张紧轨螺栓 | 5N·m+90° |

## 二、发动机零部件拆装（表 3-13 ~ 表 3-15）

表 3-13　拆卸和安装曲轴皮带轮

| 序号 | 项目 | 内容 |
|---|---|---|
| 1 | 拆卸曲轴皮带轮 | 将多楔带从张紧元件上取下<br>拧出螺栓 2，将下部冷却液管路及连接的冷却液软管 1、3 压到旁边 |
| 2 | | 拧出螺栓 1，取下曲轴皮带轮 3 和补偿垫片 2、平衡重 5 以及空心定位销 4 |
| 3 | | 注意：<br>①更换曲轴皮带轮螺栓和补偿垫片<br>②如果更换了曲轴皮带轮，则取下夹子<br>③曲轴皮带轮和平衡重仅能安装在一个位置 |
| 4 | 安装曲轴皮带轮 | 安装减振器和补偿垫片、平衡重以及空心定位销 |
| 5 | | 放上补偿垫片，以交叉方式拧紧螺栓 |
| 6 | | 安装下部冷却液管路 |
| 7 | | 安装多楔带 |

表 3-14　拆卸和安装皮带轮侧密封法兰

| 序号 | 项目 | 内容 |
|---|---|---|
| 1 | 拆卸皮带轮侧密封法兰 | 拆卸散热器及风扇罩 |
| 2 | | 拆下减振器 |
| 3 | | 拆卸废气再循环冷却器泵 V400 |
| 4 | | 拆下废气再循环的左侧冷却液管路 |
| 5 | | 拆卸中间的前侧冷却液管路 |
| 6 | | 拆卸下前冷却液管路 |

续表

| 序号 | 项目 | 内容 |
|---|---|---|
| 7 | 拆卸皮带轮侧密封法兰 | 将曲轴箱排气管从软管上拆下,为此松开和取下软管卡箍 |
| 8 | | 拆卸多楔带张紧件 |
| 9 | | 拧下螺栓(箭头),并取下皮带轮侧密封法兰盖板,同时注意机油供给管  |
| 10 | | 以交叉方式松开并拧出皮带盘侧密封法兰的螺栓 |
| 11 | | 将密封法兰(箭头)小心地从黏结连接中松开并取下 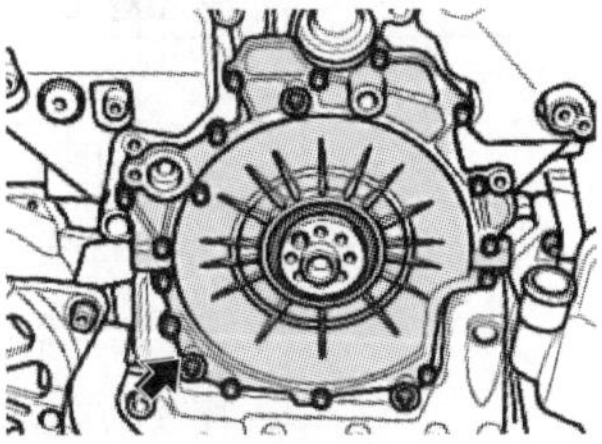 |
| 12 | | 从已拆下的密封法兰上敲出曲轴轴密封环 |
| 13 | 安装皮带轮侧密封法兰 | 更换密封件、O形环和曲轴轴密封环 |
| 14 | | 清除密封法兰凹槽以及密封面上的旧密封剂 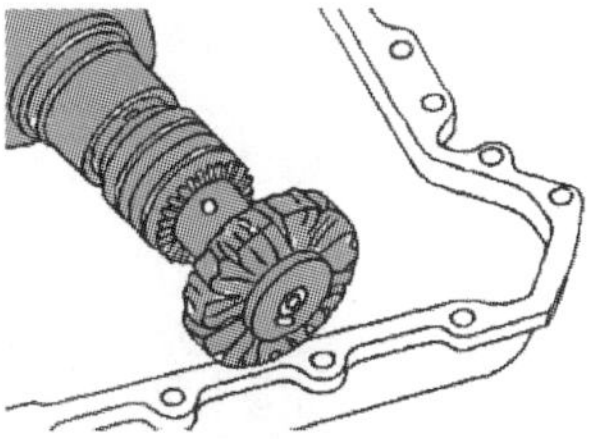 |
| 15 | | 用旋转的塑料刷等工具去除密封法兰、气缸体上和油底壳部件上的密封剂残留物 |
| 16 | | 清洁密封面,密封面上必须无油和油脂 |
| 17 | | 安装密封件2和4以及O形环1和3<br>如图所示,将密封剂条(箭头)涂到皮带轮侧密封法兰的干净密封面上<br>密封剂条必须比密封面高出1.5~2.0mm 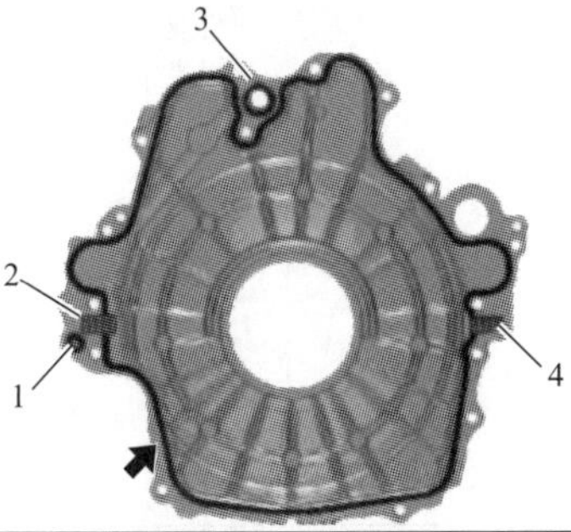 |

续表

| 序号 | 项目 | 内容 |
|---|---|---|
| 18 | 安装皮带轮侧密封法兰 | 注意：皮带盘侧的密封法兰必须在涂覆密封剂后 5min 内安装 |
| 19 | | 拧紧皮带轮侧密封法兰的螺栓 |
| 20 | | 安装皮带轮侧曲轴密封环 |
| 21 | | 安装下前冷却液管路 |
| 22 | | 安装中间的前侧冷却液管路 |
| 23 | | 安装废气再循环的左侧冷却液管路 |
| 24 | | 安装废气再循环冷却器泵 V400 |
| 25 | | 安装减振器 |
| 26 | | 安装带筋三角皮带夹紧件 |
| 27 | | 安装散热器及风扇罩 |

表 3-15　拆卸和安装气缸盖

| 序号 | 项目 | 内容 |
|---|---|---|
| 1 | 拆卸左侧气缸盖 | 排出冷却液 |
| 2 | | 将相关凸轮轴正时链从凸轮轴上取下 |
| 3 | | 拆卸进气管上部件 |
| 4 | | 拆卸高压燃油泵 |
| 5 | | 拧出螺栓（箭头），取下高压泵支架 |
| 6 | | 将冷却液软管（箭头）从左侧废气再循环接管上拆下<br>拧出螺栓 1 |
| 7 | | 将止回阀 1 从支架中取出<br>将电插头 2 从进气管风门电动机 V275 上脱开 |

续表

| 序号 | 项目 | 内容 |
|---|---|---|
| 8 | 拆卸左侧气缸盖 | 脱开发动机温度调节温度传感器 G694 上的电插头（箭头） |
| 9 | 拆卸右侧气缸盖 | 拆卸上冷却液 |
| 10 | | 拆卸废气再循环冷却器的右侧冷却液 |
| 11 | | 脱开进气管风门电动机 V157 的电插头 |
| 12 | | 脱开预热塞上的电插头 |
| 13 | | 拆卸相关的气缸盖罩 |
| 14 | 两侧的后续操作 | 在相关气缸盖上拧下冷却液管路的带孔螺栓（箭头） |
| 15 | | 拧下相关废气涡轮增压器上的上部螺栓（箭头） |
| 16 | | 按顺序松开气缸盖螺栓 1~10<br>旋出螺栓，将气缸盖小心地取下 |

续表

| 序号 | 项目 | 内容 |
|---|---|---|
| 17 | | 注意：<br>①更换螺栓时需要继续旋转一个角度<br>②应更换自锁螺母以及密封环、密封件和 O 形环<br>③不允许修整 TDI 发动机的气缸盖<br>④如果安装翻新气缸盖，在安装气缸盖罩之前必须给滚轮拖杆和凸轮滑轨之间的接触面上油<br>⑤安装前，增压空气系统的软管接头和软管必须无油和无油脂<br>⑥用标准型软管卡箍固定所有软管连接<br>⑦为将空气导流软管牢牢地固定在连接套管上，对于已使用过的螺旋卡箍，在安装前必须用锈蚀溶剂冲洗螺颈<br>⑧在更换气缸盖或气缸盖密封垫时必须更换全部冷却液和发动机油 |
| 18 | 安装气缸盖 | 在安装气缸盖前将曲轴和凸轮轴调到"上止点"处<br>固定螺栓 T40237 在曲轴处于"上止点"位置时必须拧入<br>两个气缸盖的凸轮轴必须已用调节 T40060 卡住<br>调节销 T40060 上的销轴（箭头）必须垂直于凸轮轴的中心线 |
| 19 | | 如果气缸体中没有用于气缸体和气缸盖对中心的定位销（箭头），则插入定位销 |
| 20 | 左侧气缸盖 | 涂覆正时链下面气缸盖和盖板之间接头上的密封剂条 1 和 2<br>密封剂条最大厚度为 3.0mm |
| 21 | | 将气缸盖密封件放到气缸体中的空心定位销上<br>气缸盖密封垫的安装位置：标记"上部"或者零件号指向气缸盖 |

续表

| 序号 | 项目 | 内容 |
|---|---|---|
| 22 | 左侧气缸盖 | 涂覆气缸盖密封件凹槽内的密封剂条 1 和 2 |
| 23 | | 涂覆垂直于气缸盖密封件末端的密封剂条 1 和 2<br>密封剂条最大厚度为 4.0mm |
| 24 | 右侧气缸盖 | 涂覆正时链下面气缸盖和盖板之间接头上的密封剂条 1 和 2<br>密封剂条最大厚度为 3.0mm |
| 25 | | 将气缸盖密封件放到气缸体中的空心定位销上<br>气缸盖密封垫的安装位置:标记"上部"或者零件号指向气缸盖 |

续表

| 序号 | 项目 | 内容 |
|---|---|---|
| 26 | 右侧气缸盖 | 涂覆气缸盖密封件凹槽内的密封剂条 1 和 2 |
| 27 | | 涂覆垂直于气缸盖密封件末端的密封剂条 1 和 2<br>密封剂条最大厚度为 4.0mm |
| 28 | 两侧的后续操作 | 装上气缸盖 |
| 29 | | 拧紧气缸盖螺栓(1~10)<br>第一级:35N·m<br>第二级:60N·m<br>第三级:拧紧 90°<br>第四级:拧紧 90° |
| 30 | | 无应力地安装废气涡轮增压器 |
| 31 | | 安装气缸盖罩 |
| 32 | | 安装废气再循环的右侧冷却液管路 |
| 33 | | 安装上冷却液管路 |
| 34 | | 安装废气再循环接管 |
| 35 | | 安装高压燃油泵 |
| 36 | | 安装进气管上部件 |
| 37 | | 将凸轮轴正时链放到凸轮轴上 |
| 38 | | 更换机油 |
| 39 | | 更换冷却液 |
| 40 | | 进行燃油系统密封性检测 |

# 第四章 路虎车系

## 第一节 2.0L 发动机 INGENIUM I4

### 一、机油加注

① 更换机油时含机油滤清器滤芯的加注量为 7.25L。
② 放油螺栓力矩为 26N·m。
③ 机油滤清器盖安装力矩为 25N·m。

### 二、更换机油机滤和发动机相关数据（表 4-1～表 4-6）

表 4-1　更换机油机滤流程

| 序号 | 项目 | 内容 |
|---|---|---|
| 1 | | 以合适的 2 柱举升机升起并支撑车辆 |
| 2 | 排空机油 | 拆下发动机装饰罩 |
| 3 | | 将机油滤清器滤芯壳体盖拧松 4 整圈。从机油滤清器滤芯壳体上排放机油 2min |

续表

| 序号 | 项目 | 内容 |
|---|---|---|
| 4 | 排空机油 | 拆除发动机下挡板 |
| 5 | | 拆下并弃用油底壳放油塞(箭头)。排放机油至少10min |
| 6 | | 安装一个新的油底壳螺塞,紧固至26N·m |
| 7 | | 安装发动机下挡板 |
| 8 | 安装机油滤清器及加注机油 | 拆下机油滤清器滤芯壳体盖和机油滤清器滤芯 |
| 9 | | 拆下并弃用机油滤清器滤芯,弃用O形密封圈 |
| 10 | | 安装新的机油滤清器,更换O形密封圈 |
| 11 | | 安装机油滤清器滤芯壳体盖和机油滤清器滤芯,紧固至25N·m |

续表

| 序号 | 项目 | 内容 |
|---|---|---|
| 12 | 安装机油滤清器及加注机油 | 卸下机油加油口盖 |
| 13 | | 向发动机添加正确数量的建议机油 |
| 14 | | 盖上加油口盖 |
| 15 | 检查油位 | 启动发动机,并让其怠速运转 2min<br>检查是否泄漏<br>关闭发动机 |
| 16 | | 让机油位置稳定下来,最多需要 20min<br>使用机油油位计检查机油位置,确保机油位置处于图中所示的两个标记之间<br>min　　　max |
| 17 | | 确保正确安装机油油位计 |
| 18 | | 安装发动机装饰罩 |

表 4-2　发动机常规数据

| 序号 | 项目 | 规格 |
|---|---|---|
| 1 | 类型 | 2.0L 直列式 4 缸涡轮增压中冷柴油发动机,双顶置凸轮轴,每缸 4 气门 |
| 2 | 气缸排列 | 直列 4 缸 |
| 3 | 气缸编号 | 从附件传动端开始编 1 号 |
| 4 | 缸径(额定值) | 83.0mm |
| 5 | 冲程 | 92.4mm |
| 6 | 容量 | 1999mL |
| 7 | 点火次序 | 1-3-4-2 |

续表

| 序号 | 项目 | 规格 |
|---|---|---|
| 8 | 压缩比 | 15.5:1 |
| 9 | 旋转方向 | 顺时针 |
| 10 | 缸盖允许翘曲(平整10°规格) | 0.2mm |
| 11 | 最大功率(节能模式) | 在4000r/min时为120kW |
| 12 | 最大扭矩(节能模式) | 在1750~2500r/min时为380N·m |
| 13 | 最大功率(中等模式) | 在4000r/min时为132kW |
| 14 | 最大扭矩(中等模式) | 在1750~2500r/min时为430N·m |
| 15 | 发动机机油压力(在转速为1750r/min时) | 140kPa |
| 16 | 发动机机油压力(在转速为4000r/min时) | 290kPa |
| 17 | 凸轮轴端隙(最低值) | 0.16mm |
| 18 | 凸轮轴端隙(最高值) | 0.34mm |
| 19 | 主轴承间隙(最低值) | 0.030mm |
| 20 | 主轴承间隙(最高值) | 0.054mm |
| 21 | 曲轴轴向间隙(最低值) | 0.15mm |
| 22 | 曲轴轴向间隙(最高值) | 0.35mm |

表4-3 发动机螺栓力矩

| 序号 | 项目 | 规格 | 序号 | 项目 | 规格 |
|---|---|---|---|---|---|
| 1 | 曲轴主轴承盖紧固螺栓 | 第一级:25N·m<br>第二级:58N·m<br>第三级:135°<br>第四级:拧松紧固螺栓<br>第五级:25N·m<br>第六级:37N·m<br>第七级:135° | 13 | 燃油泵链轮固定螺母 | 80N·m |
|  |  |  | 14 | 下部正时链链轮紧固螺栓 | 35N·m |
|  |  |  | 15 | 下部正时链导轨紧固螺栓 | 25N·m |
|  |  |  | 16 | 下部正时链杆固定螺母 | 12N·m |
|  |  |  | 17 | 下部正时链张紧器紧固螺栓 | 12N·m |
| 2 | 中间齿轮固定螺母 | 92N·m |
| 3 | 连杆盖紧固螺栓 | 第一级:20N·m<br>第二级:125° | 18 | 下部正时链罩紧固螺栓 | 25N·m |
| 4 | 活塞冷却喷嘴固定螺栓 | 12N·m | 19 | 活塞冷却喷嘴电磁阀 | 12N·m |
| 5 | 气流扰动托盘固定螺栓 | 12N·m | 20 | 机油冷却器紧固螺栓 | 25N·m |
| 6 | 机油泵固定螺栓 | 25N·m | 21 | 发动机安装支架紧固螺栓 | 63N·m |
| 7 | 机油泵链条张紧器紧固螺栓 | 12N·m | 22 | 真空软管连接紧固螺栓 | 5N·m |
|  |  |  | 23 | 凸轮轴盖紧固螺栓 | 12N·m |
| 8 | 机油泵吸油管紧固螺栓 | 12N·m | 24 | 凸轮轴托架紧固螺栓 | 第一级:7N·m<br>第二级:15N·m<br>第三级:25N·m |
| 9 | 机油泵链条链轮紧固螺栓 | 第一级:60N·m<br>第二级:90° |
| 10 | 发动机放油塞 | 25N·m | 25 | 上部正时链导轨紧固螺栓 | 25N·m |
| 11 | 机油盘固定螺栓 | 25N·m |
| 12 | 燃油泵固定螺栓 | 25N·m | 26 | 上部正时链张紧器 | 55N·m |

续表

| 序号 | 项目 | 规格 | 序号 | 项目 | 规格 |
|---|---|---|---|---|---|
| 27 | 进气凸轮轴链轮紧固螺栓 | 第一级:10N·m<br>第二级:拧松 1/4 圈<br>第三级:80N·m<br>第四级:90° | 51 | 排气歧管固定螺栓 | 18N·m |
| | | | 52 | 排气歧管隔热板固定螺栓 | 9N·m |
| | | | 53 | 涡轮增压器至排气歧管的固定螺母 | 27N·m |
| 28 | 可变凸轮轴单元紧固螺栓 | 第一级:10N·m<br>第二级:拧松 1/4 圈<br>第三级:25N·m<br>第四级:40° | 54 | 涡轮增压器隔热板固定螺栓 | 9N·m |
| | | | 55 | 涡轮增压器机油供油管接头 | 18N·m |
| 29 | 发动机前盖板固定螺栓 | 12N·m | 56 | 涡轮增压器机油排放管紧固螺栓 | 12N·m |
| 30 | 惰轮紧固螺栓 | 25N·m | | | |
| 31 | 冷却液泵固定螺栓 | 12N·m | 57 | 高压EGR阀紧固螺栓 | 12N·m |
| 32 | 曲轴皮带轮螺栓 | 第一级:37N·m<br>第二级:90N·m | 58 | EGR交叉管紧固螺栓 | 第一级:12N·m<br>第二级:拧松 1/4 圈<br>第三级:12N·m |
| 33 | 凸轮轴位置(CMP)传感器固定螺栓 | 8N·m | 59 | 高压EGR管至进气歧管紧固螺栓 | 第一级:7N·m<br>第二级:拧松 1/4 圈<br>第三级:7N·m |
| 34 | 上部正时链罩紧固螺栓 | 12N·m | | | |
| 35 | 可变凸轮轴正时电磁阀紧固螺栓 | 9N·m | 60 | 高压 EGR 管至高压EGR阀紧固螺栓 | 第一级:12N·m<br>第二级:拧松 1/4 圈<br>第三级:12N·m |
| 36 | 电热塞 | 18N·m | | | |
| 37 | 喷油器卡夹紧固螺栓 | 第一级:11N·m<br>第二级:162° | 61 | 高压 EGR 冷却器卡夹 | 4N·m |
| 38 | 燃油轨固定螺栓 | 25N·m | 62 | 高压 EGR 冷却器上部紧固螺栓 | 第一级:12N·m<br>第二级:拧松 1/4 圈<br>第三级:12N·m |
| 39 | 燃油分供管高压燃油管路接头 | 第一级:10N·m<br>第二级:62° | | | |
| 40 | 气门室盖固定螺栓 | 12N·m | | | |
| 41 | 机油滤清器壳体固定螺栓 | 12N·m | 63 | 高压 EGR 冷却器至高压EGR阀紧固螺栓 | 第一级:12N·m<br>第二级:拧松 1/4 圈<br>第三级:12N·m |
| 42 | 缸盖温度(CHT)传感器 | 11N·m | | | |
| 43 | 进气歧管固定螺栓 | 12N·m | 64 | 高压 EGR 冷却器下部紧固螺栓 | 第一级:7N·m<br>第二级:拧松 1/4 圈<br>第三级:7N·m |
| 44 | 进气歧管支撑紧固螺栓 | 12N·m | | | |
| 45 | 燃油泵到燃油分供管燃油管路支架的紧固螺栓 | 10N·m | | | |
| 46 | 燃油泵高压燃油管路接头 | 第一级:15N·m<br>第二级:62° | 65 | 低压 EGR 冷却器紧固螺栓 | 第一级:25N·m<br>第二级:拧松 1/4 圈<br>第三级:25N·m |
| 47 | 气缸缸体温度传感器 | 11N·m | | | |
| 48 | 节温器紧固螺栓 | 12N·m | 66 | 低压EGR阀紧固螺栓 | 25N·m |
| 49 | 冷却液泵进气弯管紧固螺栓 | 25N·m | 67 | 涡轮增压器支撑支架紧固螺栓 | 25N·m |
| 50 | 低压废气再循环(EGR)冷却器固定支架螺栓 | 12N·m | 68 | 涡轮增压器进气管紧固螺栓 | 25N·m |

续表

| 序号 | 项目 | 规格 | 序号 | 项目 | 规格 |
| --- | --- | --- | --- | --- | --- |
| 69 | 冷却液泵入口弯管紧固螺栓 | 25N·m | 76 | 通风管软管紧固螺栓 | 12N·m |
| 70 | 低压EGR温度传感器 | 3N·m | 77 | 机油位置指示器紧固螺栓 | 7N·m |
| 71 | 高压EGR温度传感器 | 3N·m | 78 | 机油加注口颈紧固螺栓 | 12N·m |
| 72 | EGR压力传感器紧固螺栓 | 12N·m | 79 | 真空管总成紧固螺栓 | 40N·m |
| | | | 80 | 冷却液泵带轮固定螺栓 | 25N·m |
| 73 | 涡轮增压器出口温度传感器 | 3N·m | 81 | 飞轮/挠性盘紧固螺栓 | 第一级:30N·m<br>第二级:120° |
| 74 | 节气门体固定螺钉 | 12N·m | 82 | 曲轴位置(CKP)传感器紧固螺栓 | 12N·m |
| 75 | 废气温度传感器 | 35N·m | | | |

**表 4-4　拆卸和安装凸轮轴**

| 序号 | 项目 | 内容 |
| --- | --- | --- |
| 1 | 需要的准备工作 | 断开启动蓄电池接地电缆 |
| 2 | | 卸下燃油轨 |
| 3 | | 卸下喷油嘴 |
| 4 | | 拆下上部正时链 |
| 5 | 拆卸凸轮轴 | 安装专用工具 JLR-303-1631 |
| 6 | | 拧松凸轮轴齿轮螺栓,但此时不要将其拆下<br>拆除专用工具 |

续表

| 序号 | 项目 | 内容 |
|---|---|---|
| 7 | 拆卸凸轮轴 | 拆下凸轮轴齿轮并丢弃螺栓 |
| 8 | | 拆除专用工具 JLR-303-1625 |
| 9 | | 拆下噪声、振动、不平顺性(NVH)材料 |
| 10 | | 断开2个电气接头,并将线束置于一边 |
| 11 | | 拆下气缸缸盖温度传感器电气接头支架 |
| 12 | | 将曲轴箱通风管置于一边 |

续表

| 序号 | 项目 | 内容 |
|---|---|---|
| 13 | | 拆下阀盖并丢弃衬垫  |
| 14 | 拆卸凸轮轴 | 注意:拆除之前,请记下部件方位<br>卸下凸轮轴轴承盖<br>拆除凸轮轴<br>检查部件,如果出现损坏或磨损,则进行更换 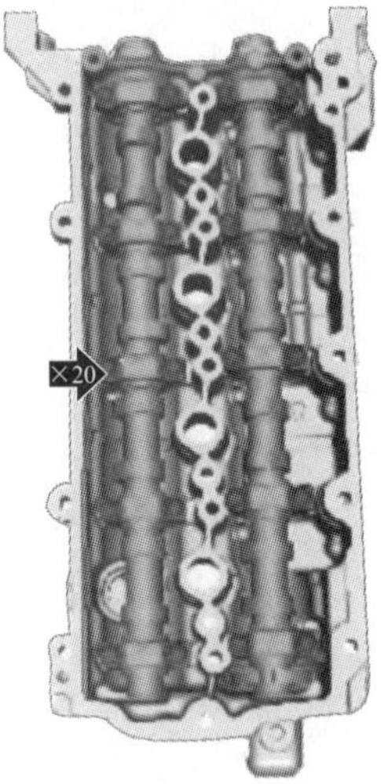 |
| 15 | 安装凸轮轴 | 安装凸轮轴<br>安装凸轮轴轴承盖。用手拧紧螺栓,然后按图示顺序最终拧紧,扭矩为11N·m 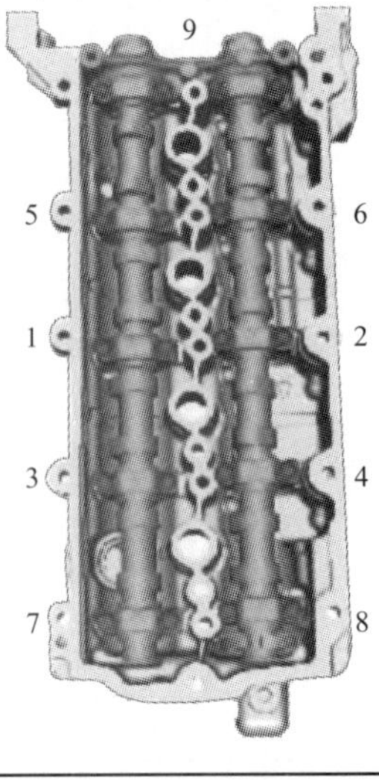 |

续表

| 序号 | 项目 | 内容 |
|---|---|---|
| 16 | 安装凸轮轴 | 使用专用工具 JLR-303-1625 对齐凸轮轴 |
| 17 | | 小心：<br>安装螺栓并用手拧紧，然后按图示顺序最终拧紧<br>安装气门室盖，安装一个新的衬垫<br>M8×80 扭矩：<br>　第一级为 15N·m<br>　第二级为 45°<br>M8×40 扭矩为 25N·m |
| 18 | | 安装曲轴箱通风管 |
| 19 | | 安装气缸缸盖温度传感器电气接头支架，扭矩为 12N·m |
| 20 | | 安装接线线束，并连接 2 个电气接头 |
| 21 | | 安装噪声、振动、不平顺性（NVH）材料 |
| 22 | | 安装凸轮轴齿轮和螺栓，用手指拧紧 |
| 23 | | 安装专用工具 JLR-303-1631 |
| 24 | | 完全拧紧凸轮轴齿轮螺栓，然后拆下专用工具 JLR-303-1631<br>扭矩：<br>　第一级为 80N·m<br>　第二级为 90° |
| 25 | | 安装上部正时链 |
| 26 | | 安装喷油器 |
| 27 | | 安装燃油轨 |

表 4-5　拆卸和安装气缸盖

| 序号 | 项目 | 内容 |
|---|---|---|
| 1 | 拆卸气缸盖 | 以合适的 2 柱举升机升起并支撑车辆 |
| 2 | | 拆下机油滤清器滤芯 |

续表

| 序号 | 项目 | 内容 |
|---|---|---|
| 3 | 拆卸气缸盖 | 拆除进气歧管 |
| 4 | | 卸下排气歧管 |
| 5 | | 卸下气门室盖 |
| 6 | | 拆下冷却液出口软管 |
| 7 | | 松开冷却液旁通软管 |
| 8 | | 拆下4个电热塞 |
| 9 | | 拆下2个机油滤清器滤芯壳体螺栓 |
| 10 | | 拆下其余的螺栓,然后拆下机油滤清器滤芯壳体 |

续表

| 序号 | 项目 | 内容 |
|---|---|---|
| 11 | 拆卸气缸盖 | 从机油滤清器滤芯壳体上拆下并丢弃O形密封圈 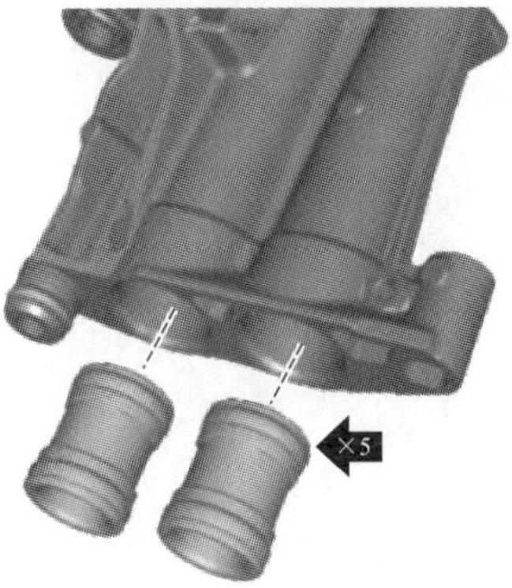 |
| 12 | | 拆下并弃用气缸缸盖温度传感器  |
| 13 | | 拆下16个凸轮轴摇臂和16个液压调节器 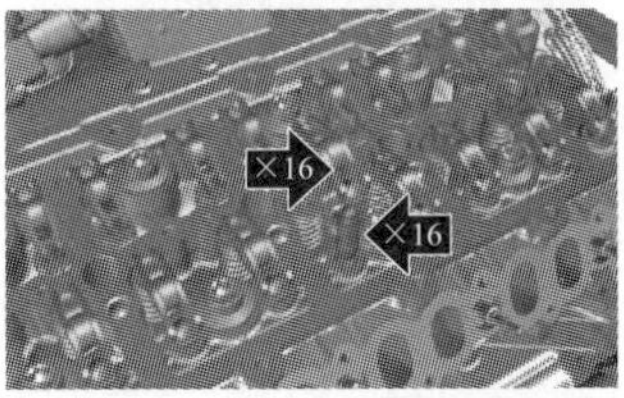 |
| 14 | | 拆下4个气缸盖螺栓 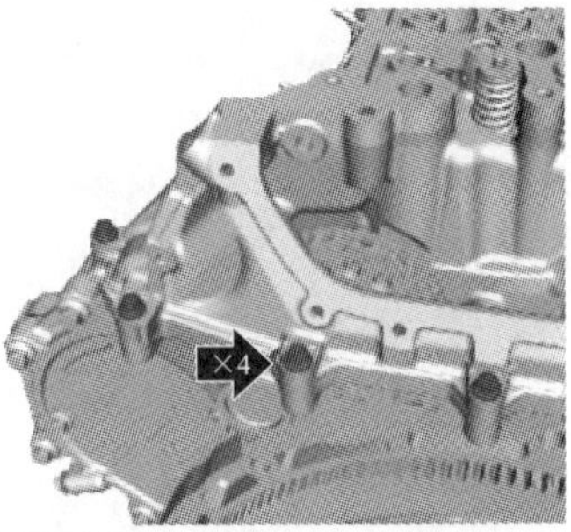 |
| 15 | | 按图中所示的顺序拆下并丢弃10个气缸盖螺栓 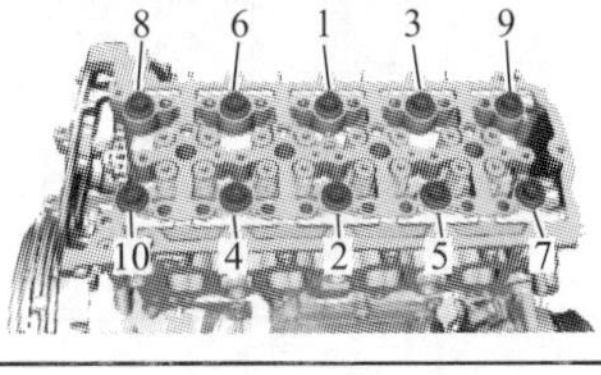 |

续表

| 序号 | 项目 | 内容 |
|---|---|---|
| 16 | 拆卸气缸盖 | 拆下气缸盖总成 |
| 17 | | 卸下并丢弃气缸盖衬垫 |
| 18 | | 拆下气缸盖定位销 |
| 19 | | 清洁并检查气缸盖和气缸体 |
| 20 | 安装气缸盖 | 横过中心,然后分别从一角到另一角,逐一检查气缸盖面是否变形 |
| 21 | | 选择正确的气缸盖垫片 |
| 22 | | 将气缸盖定位销安装到发动机缸体总成上<br>注意:确保定位销和定位销孔洁净,无碎片和异物 |
| 23 | | 安装正确的气缸盖垫片 |
| 24 | | 在有人帮助的情况下,安装气缸盖总成 |

续表

| 序号 | 项目 | 内容 |
|---|---|---|
| 25 | 安装气缸盖 | 注意：应安装新的气缸盖螺栓<br>按照所示顺序拧紧 10 个气缸盖螺栓<br>扭矩：<br>　第一级为 10N·m<br>　第二级为 20N·m<br>　第三级为 53N·m |
| 26 | | 将每个气缸盖螺栓拧松 180°，然后拧紧至 53N·m。按照所示顺序对每个螺栓重复此步骤<br>扭矩如下<br>　第一级：松开螺栓 180°<br>　第二级：拧紧螺栓 53N·m |
| 27 | | 按照所示顺序拧紧 10 个气缸盖螺栓<br>扭矩：<br>第一级为 90°<br>第二级为 120° |
| 28 | | 安装并拧紧 4 个气缸盖螺栓，扭矩为 13N·m |
| 29 | | 安装 16 个凸轮轴摇臂和 16 个液压调节器 |
| 30 | | 安装一个新的气缸盖温度传感器，并拧紧至正确的扭矩（11N·m） |
| 31 | | 安装 4 个火花塞，扭矩为 13N·m |
| 32 | | 安装冷却液旁通软管 |
| 33 | | 安装冷却液出口软管 |

续表

| 序号 | 项目 | 内容 |
|---|---|---|
| 34 | 安装气缸盖 | 将新的O形密封圈安装到机油滤清器滤芯壳体总成上 |
| 35 | | 安装机油滤清器滤芯壳体总成,并将3个螺栓拧紧至规定的扭矩(12N·m) |
| 36 | | 安装气门室盖 |
| 37 | | 安装排气歧管 |
| 38 | | 安装进气歧管 |
| 39 | | 安装机油滤清器元件 |
| 40 | | 降下车辆 |

**表4-6** 拆卸和安装曲轴皮带轮

| 序号 | 项目 | 内容 |
|---|---|---|
| 1 | | 以合适的2柱举升机升起并支撑车辆 |
| 2 | | 断开启动蓄电池接地电缆 |
| 3 | | 拆下附件传动带张紧器 |
| 4 | | 卸下增压空气冷却器 |
| 5 | 拆卸曲轴皮带轮 | 断开固定在增压空气冷却器支架上的电气接头(箭头) |
| 6 | | 从中冷器支架上松开接线线束(箭头)<br>拆下2个中冷器支架螺母  |

续表

| 序号 | 项目 | 内容 |
|---|---|---|
| 7 | 拆卸曲轴皮带轮 | 拆下 2 个螺栓,并拆下中冷器支架 |
| 8 | | 将专用工具 JLR-303-1630 安装到曲轴皮带轮上 |
| 9 | | 拆下并丢弃 4 个曲轴皮带轮螺栓 |
| 10 | | 拆除专用工具 JLR-303-1630<br>拆下曲轴皮带轮 |
| 11 | | 使用专用工具 JLR-303-1628 拆下并弃用前曲轴密封件 |

续表

| 序号 | 项目 | 内容 |
|---|---|---|
| 12 | | 使用专用工具 JLR-303-1628 安装一个新的前曲轴密封件，扭矩为 26N·m 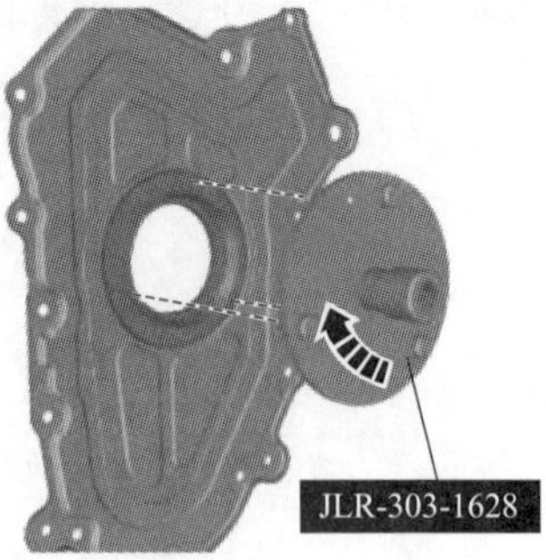 |
| 13 | 安装曲轴皮带轮 | 安装凸轮轴带轮<br>安装专用工具 JLR-303-1630  |
| 14 | | 在安装新的曲轴减振器螺栓之前，先检查螺纹长度，如图所示。新螺栓长度必须为 48mm 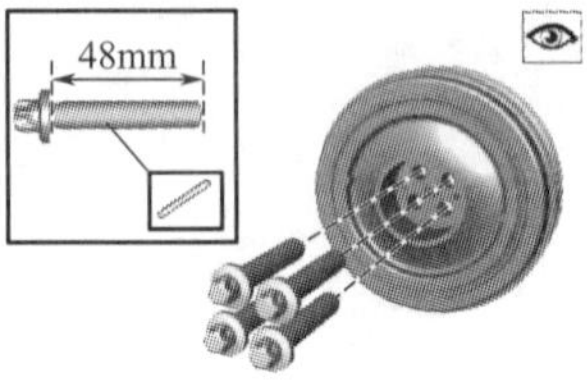 |
| 15 | | 安装 4 个曲轴减振器螺栓<br>专用工具：JLR-303-1630<br>扭矩：第一级为 37N·m，第二级为 90°  |

续表

| 序号 | 项目 | 内容 |
|---|---|---|
| 16 | 安装曲轴皮带轮 | 拆除专用工具 JLR-303-1630 |
| 17 | | 安装中冷器支架,将 2 个前部螺栓拧紧至正确的扭矩 |
| 18 | | 安装并拧紧 2 个中冷器支架螺母,扭矩为 90N·m |
| 19 | | 安装并拧紧 2 个中冷器支架螺母,扭矩为 12N·m<br>将接线线束安装到中冷器支架上 |
| 20 | | 连接固定在增压空气冷却器支架上的电气接头 |
| 21 | | 安装中冷器 |
| 22 | | 安装附件驱动带张紧器 |
| 23 | | 连接启动蓄电池接地电缆 |

# 第二节　2.2L TD4 发动机

## 一、机油加注

① 更换机油时含机油滤清器滤芯的加注量为 6.5L。
② 放油螺栓力矩为 20N·m。
③ 机油滤清器盖安装力矩为 25N·m。

## 二、更换机油机滤和发动机相关数据（表 4-7～表 4-11）

表 4-7　更换机油机滤

| 序号 | 项目 | 内容 |
|---|---|---|
| 1 | | 以合适的 2 柱举升机升起并支撑车辆 |
| 2 | | 拆除发动机下挡板 |
| 3 | 排空机油 | 卸下机油滤清器(箭头) |

续表

| 序号 | 项目 | 内容 |
|---|---|---|
| 4 | 排空机油 | 拆下油底壳放油塞(箭头),排放发动机机油 |
| 5 | 安装机油滤清器及加注机油 | 安装机油过滤器至25N·m |
| 6 | 安装机油滤清器及加注机油 | 向发动机添加机油<br>确保在加注机油后将车辆放置5min,并在启动发动机前确保机油至少达到最低位置 |
| 7 | | 启动发动机,并让其怠速运转2min<br>检查是否泄漏<br>关闭发动机 |
| 8 | 检查油位 | 让机油位置稳定下来,最多需要20min<br>使用机油油位计检查机油位置,确保机油位置处于图中所示的两个标记之间 |

表4-8 发动机常规数据

| 序号 | 项目 | 规格 |
|---|---|---|
| 1 | 类型 | 2.2L直列4缸涡轮增压和中冷柴油发动机双顶置凸轮轴,每缸4气门 |
| 2 | 气缸排列 | 直列4缸 |
| 3 | 气缸编号 | 从齿轮箱端起编1号 |
| 4 | 缸径(额定值) | 83.0mm |
| 5 | 冲程 | 96.0mm |

续表

| 序号 | 项目 | 规格 |
|---|---|---|
| 6 | 容量 | 2179mL |
| 7 | 点火次序 | 1-3-4-2 |
| 8 | 压缩比 | 15.9∶1 |
| 9 | 旋转方向 | 顺时针 |
| 10 | 缸盖允许翘曲（平整10°规格） | 0.2mm |
| 11 | 最大功率/扭矩（四驱高输出） | 140kW（转速为4000r/min）/420N·m（转速为1750r/min） |
| 12 | 最大功率/扭矩（四驱低输出） | 110kW（转速为4000r/min）/400N·m（转速为1750r/min） |
| 13 | 最大功率/扭矩（前轮驱动） | 110kW（转速为4000r/min）/380N·m（转速为1750r/min） |
| 14 | 发动机机油压力（在转速为1750r/min时） | 160kPa |
| 15 | 发动机机油压力（在转速为4000r/min时） | 310kPa |
| 16 | 平衡轴与曲轴之间的间隙（最低值） | 0.01mm |
| 17 | 平衡轴与曲轴之间的间隙（最高值） | 0.07mm |

表4-9 发动机螺栓力矩

| 序号 | 项目 | 规格 | 序号 | 项目 | 规格 |
|---|---|---|---|---|---|
| 1 | 附件传动带张紧轮螺栓 | 45N·m | 16 | 废气再循环（EGR）真空调节器电磁阀 | 6N·m |
| 2 | 凸轮轴带轮螺栓 | 第一级：20N·m<br>第二级：60° | 17 | 进气歧管转接器 | 6N·m |
| 3 | 凸轮轴正时皮带罩螺栓 | 5N·m | 18 | 节气门壳体螺栓 | 8N·m |
| 4 | 凸轮轴正时链张紧器螺栓 | 6N·m | 19 | 进气歧管螺栓 | 9N·m |
| 5 | 曲轴皮带轮螺栓 | 第一级：70N·m<br>第二级：82° | 20 | 机油冷却器与气缸体的连接螺栓 | 20N·m |
| | | | 21 | 加油管 | 9N·m |
| 6 | 气缸盖螺栓 | 第一级：10N·m<br>第二级：20N·m<br>第三级：53N·m | 22 | 机油盘放油塞 | 20N·m |
| | | | 23 | 油底壳螺栓 | 第一级：5N·m<br>第二级：9N·m |
| 7 | 油尺管上部螺栓 | 8N·m | 24 | 油底壳延展面板 | 第一级：10N·m<br>第二级：16N·m |
| 8 | 油尺管下部螺栓 | 9N·m | | | |
| 9 | 发动机下支承绝缘体 | 第一级：50N·m<br>第二级：180° | 25 | 油泵螺栓 | 第一级：7N·m<br>第二级：9N·m |
| 10 | 发动机下隔振垫连接支架 | 第一级：50N·m<br>第二级：180° | 26 | 机油分离器螺栓 | 9N·m |
| | | | 27 | 机油油位传感器 | 27N·m |
| 11 | 发动机上隔振垫 | 110N·m | 28 | 活塞冷却喷嘴螺栓 | 10N·m |
| 12 | 发动机机座（左）螺栓 | 175N·m | 29 | 正时皮带惰轮螺栓 | 第一级：47N·m<br>第二级：80° |
| 13 | 发动机机座（右）螺栓 | 80N·m | | | |
| 14 | 喷油嘴接线线束螺栓 | 8N·m | 30 | 正时皮带后盖 | 6N·m |
| 15 | 飞轮螺栓 | 第一级：30N·m<br>第二级：120° | 31 | 真空泵螺栓 | 9N·m |

表 4-10 拆卸和安装凸轮轴

| 序号 | 项目 | 内容 |
|---|---|---|
| 1 | 拆卸凸轮轴 | 断开蓄电池接地电缆 |
| 2 | | 举升并支撑好车辆 |
| 3 | | 拆卸气门室盖 |
| 4 | | 拆卸固定螺栓 |
| 5 | 安装凸轮轴 | 安装凸轮轴、正时链和张紧器。将链的正时链节与凸轮轴链轮上的正时标记对齐，如图所示 |
| 6 | | 安装固定螺栓，扭矩为 6N·m |
| 7 | | 安装气门室盖 |
| 8 | | 连接蓄电池接地电缆 |

表 4-11 拆卸和安装气门室盖

| 序号 | 项目 | 内容 |
|---|---|---|
| 1 | 拆卸气门室盖 | 断开蓄电池接地电缆 |
| 2 | | 拆卸空气滤清器 |
| 3 | | 抬起并支撑车辆 |
| 4 | | 拆卸凸轮轴密封件 |
| 5 | | 拆卸燃油轨 |
| 6 | | 拆卸喷油器 |

续表

| 序号 | 项目 | 内容 |
| --- | --- | --- |
| 7 | | 拆卸进气管 |
| 8 | | 拆卸废气再循环冷却液 |
| 9 | | 拆卸卡子 |
| 10 | 拆卸气门室盖 | 拆卸插接器 |
| 11 | | 拆卸2个卡子 |
| 12 | | 拆卸固定螺栓 |

| 序号 | 项目 | 内容 |
|---|---|---|
| 13 | 拆卸气门室盖 | 拆卸固定螺栓 ×9 |
| 14 | | 拆卸固定螺栓 ×2 |
| 15 | | 拆卸管路 |
| 16 | | 拆卸固定螺栓 ×3 |

第四章 路虎车系 125

续表

| 序号 | 项目 | 内容 |
|---|---|---|
| 17 | 拆卸气门室盖 | 拆卸管路 |
| 18 | | 注意：拆卸燃油泵时，应确保燃油泵驱动轴保持受控状态 |
| 19 | | 卸下曲轴正时专用工具 303-1270<br>转动曲轴 90° |
| 20 | | 拉回并锁住凸轮轴驱动链条张紧器 |
| 21 | | 拆卸固定螺栓，取下气门室盖 |

续表

| 序号 | 项目 | 内容 |
|---|---|---|
| 22 | 安装气门室盖 | 注意:确保清除配合面上的所有残留旧密封胶 |
| 23 | | 暂时安装凸轮轴带轮和带轮正时销<br>专用工具:303-1277 |
| 24 | | 注意:安装一个新的垫片 |
| 25 | | 注意:按1~27的顺序拧紧螺栓<br>第一级力矩为5N·m<br>第二级力矩为11N·m |
| 26 | | 松开链条张紧器 |

续表

| 序号 | 项目 | 内容 |
|---|---|---|
| 27 | | 转动曲轴并安装曲轴正时工具 303-1270 |
| 28 | 安装气门室盖 | 安装专用工具 |
| 29 | | 安装固定螺栓,扭矩为 22N·m |
| 30 | | 安装剩下的附件 |

# 第三节　2.4L ID4 发动机

## 一、机油加注

① 更换机油时含机油滤清器滤芯的加注量为7L。
② 放油螺栓力矩为23N·m。
③ 机油滤清器盖安装力矩为35N·m。

## 二、更换机油机滤和发动机相关数据（表4-12～表4-17）

表 4-12　更换机油机滤流程

| 序号 | 项目 | 内容 |
|---|---|---|
| 1 | 排空机油 | 以合适的2柱举升机升起并支撑车辆 |
| 2 | | 拧松机油滤清器盖3圈,并让机油排空 |

| 序号 | 项目 | 内容 |
|---|---|---|
| 3 | | 取下机油滤清器盖,并卸下机油滤清器元件 |
| 4 | 排空机油 | 拆下并弃用机油滤清器滤芯。卸下并丢弃油滤清器盖O形密封圈 |
| 5 | | 放置一个容器,收集机油。卸下并丢弃排放塞,让机油排空 |
| 6 | | 安装新的排放塞至23N·m。将部件接合面清理干净。拧紧排放塞。拿走容器 |
| 7 | 安装机油滤清器及加注机油 | 安装一个新的机油滤清器盖O形密封圈。清洁各部件。使用干净的机油润滑O形密封圈 |
| 8 | | 将一个新的机油滤清器滤芯元件安装到机油滤清器滤芯盖上 |
| 9 | | 安装机油滤清器盖和机油滤清器元件。拧紧机油滤清器至35N·m |
| 10 | | 向发动机添加推荐机油至正确液位 |
| 11 | | 连接蓄电池接地电缆 |
| 12 | 检查油位 | 检查并添加机油 |

**表 4-13** 发动机常规数据

| 序号 | 项目 | 规格 | 序号 | 项目 | 规格 |
|---|---|---|---|---|---|
| 1 | 类型 | 2.2L 4缸液冷CGI气缸体,每缸4气门 | 7 | 压缩比 | 19∶1 |
| | | | 8 | 旋转方向 | 顺时针 |
| 2 | 气缸排列 | 直列4缸 | 9 | 最大输出功率 | 在3500r/min时为90kW |
| 3 | 缸径(额定值) | 89.9mm | 10 | 最大扭矩 | 在2000r/min时为360N·m |
| 4 | 冲程 | 94.6mm | 11 | 在急速下的最低机油压力 | 125kPa |
| 5 | 容量 | 2402mL | | | |
| 6 | 点火次序 | 1-3-4-2 | 12 | 转速为2000r/min时的最低机油压力 | 200kPa |

**表 4-14** 发动机螺栓力矩

| 序号 | 项目 | 规格 | 序号 | 项目 | 规格 |
|---|---|---|---|---|---|
| 1 | 变速器与发动机连接螺栓 | 40N·m | 2 | 发动机固定螺母 | 80N·m |

续表

| 序号 | 项目 | 规格 | 序号 | 项目 | 规格 |
| --- | --- | --- | --- | --- | --- |
| 3 | 发动机安装支架螺栓 | 63N·m | 29 | 气缸盖螺栓 | 第一级:将螺栓1～10拧紧至20N·m<br>第二级:将螺栓11～18拧紧至10N·m<br>第三级:将螺栓1～10拧紧至40N·m<br>第四级:将螺栓11～18拧紧至20N·m<br>第五级:将螺栓1～10拧紧至180°<br>第六级:将螺栓11～18拧紧至180°<br>第七级:将M6螺栓拧紧至10N·m |
| 4 | 阀盖螺栓 | 10N·m | | | |
| 5 | 摇臂轴螺栓 | 第一级:10N·m<br>第二级:30° | | | |
| 6 | 正时链固定螺栓 | 15N·m | | | |
| 7 | 正时链张紧器螺母 | 15N·m | | | |
| 8 | 正时链张紧器螺栓 | 15N·m | | | |
| 9 | 油泵链条张紧器螺栓 | 22N·m | | | |
| 10 | 凸轮轴链轮螺栓 | 35N·m | | | |
| 11 | 燃油喷射泵链轮螺栓 | 33N·m | | | |
| 12 | 发电机螺栓 | 48N·m | | | |
| 13 | 发电机安装支架螺栓 | 25N·m | 30 | 发动机前盖螺栓 | 14N·m |
| 14 | 废气再循环(EGR)阀至废气再循环(EGR)阀输出管螺栓 | 10N·m | 31 | 发动机前盖螺母 | 10N·m |
| | | | 32 | 电热塞 | 10N·m |
| | | | 33 | 动力转向泵螺栓 | 23N·m |
| | | | 34 | 动力转向泵支架螺栓 | 23N·m |
| 15 | EGR阀至EGR冷却器螺栓 | 23N·m | 35 | 排气歧管螺栓 | 40N·m |
| 16 | 排气歧管至EGR冷却器螺栓 | 23N·m | 36 | 涡轮增压器回油管螺栓 | 10N·m |
| | | | 37 | 涡轮增压器机油回路管夹紧螺栓 | 22N·m |
| 17 | 进气歧管螺栓 | 15N·m | | | |
| 18 | 进气歧管至废气再循环(EGR)阀输出管螺栓 | 10N·m | 38 | 涡轮增压器机油供油管一体式螺栓 | 35N·m |
| 19 | 冷却液泵螺栓 | 23N·m | 39 | 发动机吊环螺栓 | 22N·m |
| 20 | 油位指示管螺栓 | 10N·m | 40 | 曲轴位置传感器(CKP)螺栓 | 7N·m |
| 21 | 机油泵吸油管螺栓 | 10N·m | | | |
| 22 | 机油滤清器壳体总成螺栓 | 23N·m | 41 | 曲轴带轮螺栓 | 第一级:45N·m<br>第二级:120° |
| | | | 42 | 曲轴后油封支架螺栓 | 10N·m |
| 23 | 机油泵螺栓 | 10N·m | 43 | 飞轮螺栓 | 第一级:25N·m<br>第二级:40N·m<br>第三级:120° |
| 24 | 机油盘放油塞 | 23N·m | | | |
| 25 | 机油压力开关 | 15N·m | | | |
| 26 | 油底壳螺栓 | 第一级:7N·m<br>第二级:14N·m | 44 | 曲轴主轴承盖螺栓 | 第一级:45N·m<br>第二级:80N·m<br>第三级:105° |
| 27 | 冷却液歧管螺栓 | 10N·m | 45 | 连杆轴承盖螺栓 | 第一级:45N·m<br>第二级:100° |
| 28 | 废气再循环(EGR)冷却器至气缸盖螺栓 | 23N·m | 46 | 喷油器夹螺栓 | 第一级:6N·m<br>第二级:180° |

表 4-15 气缸盖拆卸和安装

| 序号 | 项目 | 内容 |
|---|---|---|
| 1 | | 抬起并支撑车辆 |
| 2 | | 断开蓄电池接地电缆的连接 |
| 3 | | 拆除凸轮轴 |
| 4 | | 拆除进气歧管 |
| 5 | | 松开废气再循环(EGR)冷却器 |
| 6 | 拆卸气缸盖 | 松开排气歧管<br>卸下6个螺栓<br>拆除并丢弃2个螺母<br>卸下并丢弃2个柱头螺栓<br>拆除并丢弃衬垫 |
| 7 | | 松开电热塞线束<br>拆除4个螺母 |
| 8 | | 小心：<br>①切勿将气缸盖接合面朝下放置。未能遵守此指令可能导致车辆损坏<br>②在有人帮助的情况下小心卸下气缸盖<br>卸下并丢弃编号为1～18的螺栓<br>卸下螺栓19<br>拆除并丢弃衬垫 |

续表

| 序号 | 项目 | 内容 |
|---|---|---|
| 9 | 拆卸气缸盖 | 卸下4个电热塞 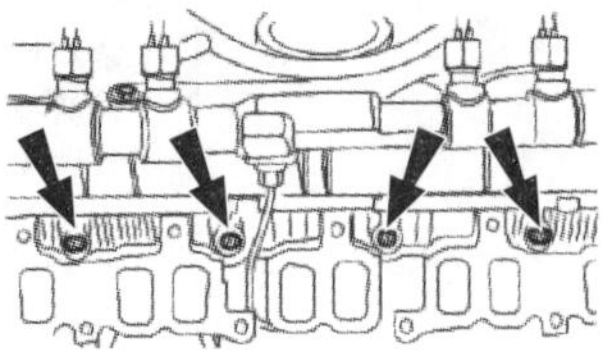 |
| 10 | | 安装电热塞<br>将电热塞拧紧至12N·m |
| 11 | | 注意:<br>①清洁部件接合面<br>②在指定点测量活塞头和气缸体之间的距离 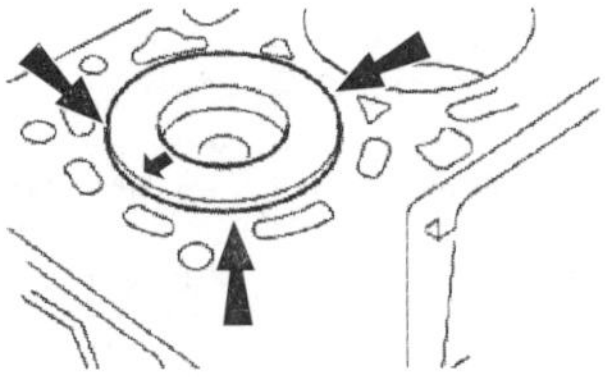 |
| 12 | | 确定气缸盖衬垫厚度<br>安装一个新的气缸盖衬垫 |
| 13 | 安装气缸盖 | 小心:安装新的气缸盖螺栓<br>注意:清洁部件接合面<br>安装气缸盖,按照图示顺序分六级拧紧螺栓<br>第一级:将螺栓1～10拧紧至20N·m<br>第二级:将螺栓11～18拧紧至10N·m<br>第三级:将螺栓1～10拧紧至40N·m<br>第四级:将螺栓11～18拧紧至20N·m<br>第五级:将螺栓1～10拧紧至180°<br>第六级:将螺栓11～18拧紧至180° 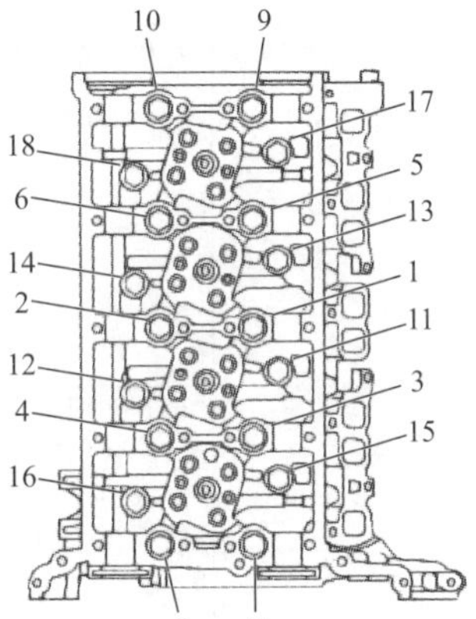 |
| 14 | | 固定电热丝线束<br>拧紧螺母至3N·m |

续表

| 序号 | 项目 | 内容 |
|---|---|---|
| 15 | 安装气缸盖 | 固定排气歧管<br>安装一个新的衬垫<br>拧紧新柱头螺栓至 20N·m<br>拧紧新螺母至 40N·m<br>拧紧螺栓至 40N·m |
| 16 | | 固定 EGR 冷却器<br>拧紧螺栓至 20N·m |
| 17 | | 安装进气歧管 |
| 18 | | 安装凸轮轴 |
| 19 | | 连接蓄电池接地电缆 |

表 4-16　凸轮轴拆卸和安装

| 序号 | 项目 | 内容 |
|---|---|---|
| 1 | 拆卸凸轮轴 | 抬起并支撑车辆 |
| 2 | | 断开蓄电池接地电缆的连接 |
| 3 | | 卸下气门室盖 |
| 4 | | 卸下正时盖 |
| 5 | | 卸下发电机 |
| 6 | | 卸下曲轴位置（CKP）传感器 |
| 7 | | 卸下 2 个摇臂轴<br>卸下并丢弃 10 个螺栓 |
| 8 | | 拧松 6 个凸轮轴链轮螺栓 |
| 9 | | 松开并锁定正时链张紧器<br>缩回棘爪 1<br>推入锁定 2<br>插入合适的销 3 |

续表

| 序号 | 项目 | 内容 |
|---|---|---|
| 10 | | 卸下正时链张紧器和右侧正时链导轨<br>卸下2个螺栓(实箭头)<br>卸下螺母(虚箭头) |
| 11 | | 拆除上部正时链导轮<br>卸下2个螺栓 |
| 12 | 拆卸凸轮轴 | 卸下凸轮轴链轮和正时链<br>卸下6个螺栓 |
| 13 | | 卸下凸轮轴托架<br>卸下25个螺栓 |
| 14 | | 卸下两侧的凸轮轴 |
| 15 | 安装凸轮轴 | 小心:当专用工具完全位于飞轮中时,不要转动曲轴。未能遵守此指令可能导致车辆损坏 |

续表

| 序号 | 项目 | 内容 |
|---|---|---|
| 16 | | 将曲轴旋转至 50°上止点前（BTDC）<br>将专用工具安装至 CKP 传感器孔中 |
| 17 | | 注意：<br>①清洁部件接合面<br>②在气缸盖上涂覆直径为 2.5mm 的指定密封剂条 |
| 18 | 安装凸轮轴 | 注意：<br>①部件接合面清理干净<br>②安装两侧的凸轮轴<br>③使用干净的机油润滑凸轮轴轴颈和凸轮轴凸角 |
| 19 | | 注意：清洁部件接合面<br>安装凸轮轴托架<br>第一级：将螺栓 1～22 拧紧至 23N·m<br>第二级：将螺栓 23～25 拧紧至 10N·m |
| 20 | | 固定机油位置指示器油管<br>拧紧螺栓至 10N·m |

续表

| 序号 | 项目 | 内容 |
|---|---|---|
| 21 | | 紧固发动机接线线束支撑支架<br>拧紧螺母至 10N·m<br>拧紧螺栓至 10N·m |
| 22 | | 固定发动机线束 |
| 23 | | 安装发电机安装支架<br>拧紧螺栓至 25N·m |
| 24 | | 安装涡轮增压器隔热板支架<br>拧紧 M6 螺栓至 10N·m<br>拧紧 M8 螺栓至 20N·m |
| 25 | | 安装增压器隔热板<br>拧紧至 7N·m |
| 26 | | 小心:确保着色链条与正时标记对齐,未能遵守此指令可能导致车辆损坏 |
| 27 | | 安装两个凸轮轴链轮和正时链 |
| 28 | | 安装正时链张紧器和正时链导轨<br>拧紧螺栓至 15N·m<br>拧紧螺母至 15N·m |
| 29 | 安装凸轮轴 | 使用合适的 6mm 杆,锁定凸轮轴链轮<br>松散地安装凸轮轴链轮螺栓 |
| 30 | | 松开燃油喷射泵链轮上的 4 个螺栓 |
| 31 | | 解锁正时链张紧器 |
| 32 | | 固定凸轮轴链轮和燃油喷射泵链轮<br>拧紧凸轮轴链轮螺栓至 35N·m<br>拧紧燃油喷射链轮螺栓至 33N·m |
| 33 | | 拆除专用工具 |
| 34 | | 卸下 6mm 杆 |
| 35 | | 安装摇臂轴<br>第一级:拧紧螺栓至 13N·m<br>第二级:再转过 45°拧紧螺栓 |
| 36 | | 将曲轴顺时针旋转 2 整圈 |
| 37 | | 通过将专用工具插入 CKP 传感器孔中来检查正时 |
| 38 | | 通过将合适的 6mm 杆插入凸轮轴链轮中的孔来检查凸轮轴正时 |

| 序号 | 项目 | 内容 |
|---|---|---|
| 39 | | 拆除专用工具 |
| 40 | | 卸下 6mm 杆 |
| 41 | 安装凸轮轴 | 安装 CKP 传感器 |
| 42 | | 安装正时盖 |
| 43 | | 安装气门室盖 |
| 44 | | 连接蓄电池接地电缆 |

表 4-17 曲轴皮带轮的拆卸和安装

| 序号 | 项目 | 内容 |
|---|---|---|
| 1 | | 断开蓄电池接地电缆 |
| 2 | | 卸下冷却风扇 |
| 3 | 拆卸曲轴皮带轮 | 从附件传动带上释放张力<br>顺时针转动附件传动带张紧轮 |
| 4 | | 注意：施用脚制动和手制动，选择 1 挡，以防止曲轴旋转<br>拆下曲轴带轮<br>拆除并丢弃 3 个螺栓 |
| 5 | 安装曲轴皮带轮 | 小心：必须安装新的曲轴带轮螺栓<br>注意：施用脚制动和手制动，选择 1 挡，以防止曲轴旋转<br>安装曲轴带轮<br>第一级：将螺栓拧紧至 45N·m<br>第二级：将螺栓再转过 90° |
| 6 | | 固定附件传动皮带 |
| 7 | | 安装冷却风扇 |
| 8 | | 连接蓄电池接地电缆 |

## 第四节　2.7L TDV6 发动机

### 一、机油加注

① 更换机油时含机油滤清器滤芯的加注量为 5.45L。

② 放油螺栓力矩为 25N·m。
③ 机油滤清器盖安装力矩为 25N·m。

## 二、更换机油机滤及发动机相关数据（表 4-18～表 4-22）

表 4-18　更换机油机滤

| 序号 | 项目 | 内容 |
|---|---|---|
| 1 | 排空机油 | 断开蓄电池接地电缆 |
| 2 | | 抬起并支撑车辆 |
| 3 | | 使用专用工具 303-1128 卸下燃油滤清器滤芯<br>拧松燃油滤清器滤芯盖，完整地转动 4 圈，以便从滤芯盖处排空机油<br>取下滤芯盖（箭头）<br>卸下并丢弃 O 形密封圈 |
| 4 | | 卸下发动机下挡板 |
| 5 | | 卸下润滑剂放油塞<br>放置一个容器，收集油液<br>丢弃油底壳放油塞密封件 |
| 6 | 安装机油滤清器及加注机油 | 安装机油放油螺塞至 25N·m<br>清洁部件接合面<br>安装一个新的油封垫圈 |
| 7 | | 安装燃油滤清器滤芯至 25N·m<br>清洗部件<br>确保燃油滤清器滤芯套管与滤清器壳体的孔对齐<br>安装新 O 形密封圈 |
| 8 | | 向发动机添加机油 |
| 9 | | 安装发动机下挡板 |

续表

| 序号 | 项目 | 内容 |
|---|---|---|
| 10 | 安装机油滤清器及加注机油 | 连接蓄电池接地电缆 |
| 11 | 检查油位 | 检查并添加机油 |

表 4-19 发动机常规数据

| 序号 | 项目 | 规格 |
|---|---|---|
| 1 | 类型 | 2.7L,60°V型,共轨直接喷射,增压器和中冷柴油机,双顶置凸轮轴,每个气缸4个气门 |
| 2 | 气缸排列 | 当从后部查看发动机时(V6),编号为1和4的气缸在发动机前部 |
| 3 | 气缸编号 | 编号为1的气缸在右列,编号为4的气缸在左列 |
| 4 | 缸径(额定值) | 81.0mm |
| 5 | 冲程 | 88.0mm |
| 6 | 容量 | 2720mL |
| 7 | 点火次序 | 1-4-2-5-3-6 |
| 8 | 压缩比 | 17.3:1 |
| 9 | 旋转方向 | 从发动机后部逆时针查看 |
| 10 | 最大输出功率 | 在转速4000r/min时为147kW |
| 11 | 最大扭矩 | 在转速1900r/min时为440N·m |
| 12 | 在急速下的最低机油压力 | 70kPa |
| 13 | 转速为2000r/min时的最低机油压力 | 190kPa |
| 14 | 缸盖最大允许翘曲(平整度规格) | 0.2mm |
| 15 | 曲轴轴向间隙 | 0.21~0.43mm |

表 4-20 发动机螺栓力矩

| 序号 | 项目 | 规格 | 序号 | 项目 | 规格 |
|---|---|---|---|---|---|
| 1 | 附件传动带惰轮固定螺栓 | 47N·m | 8 | 蓄电池正极电缆固定螺栓 | 10N·m |
| 2 | 附件传动带张紧器M8固定螺栓 | 47N·m | 9 | 凸轮轴内轴承盖固定螺栓 | 第一级:拧紧螺栓1~14,扭矩为1N·m<br>第二级:拧紧螺栓1~14,扭矩为5N·m<br>第三级:拧紧螺栓1~14,扭矩为10N·m |
| 3 | 附件传动带张紧器M10固定螺栓 | 25N·m | | | |
| 4 | 空调(A/C)压缩机固定螺栓 | 23N·m | 10 | 凸轮轴外轴承盖固定螺栓 | 第一级:拧紧螺栓1~14,扭矩为1N·m<br>第二级:拧紧螺栓1~14,扭矩为5N·m<br>第三级:拧紧螺栓1~14,扭矩为10N·m |
| 5 | 空调压缩机安装支架固定螺栓 | 23N·m | | | |
| 6 | 空调压缩机低压管安装螺栓 | 9N·m | | | |
| 7 | 空调歧管固定螺栓 | 20N·m | 11 | 凸轮轴位置传感器固定螺栓 | 10N·m |

续表

| 序号 | 项目 | 规格 | 序号 | 项目 | 规格 |
|---|---|---|---|---|---|
| 12 | 凸轮轴轮毂固定螺栓 | 第一级：80N·m<br>第二级：90° | 38 | 燃油喷射高压燃油输送管固定螺栓 | 10N·m |
| 13 | 凸轮轴带轮固定螺栓 | 23N·m | 39 | 喷油器固定螺栓 | 10N·m |
| 14 | 凸轮轴正时皮带盖固定螺栓 | 10N·m | 40 | 燃油滤清器固定螺栓 | 10N·m |
| 15 | 凸轮轴带轮固定螺栓（M14固定螺栓） | 第一级：100N·m<br>第二级：90° | 41 | 发电机紧固螺栓 | 23N·m |
| | | | 42 | 发电机底座支架固定螺栓 | 23N·m |
| 16 | 凸轮轴带轮固定螺栓（M16固定螺栓） | 第一级：150N·m<br>第二级：300N·m<br>第三级：90° | 43 | 进气关闭节气门弯管支承架螺栓 | 10N·m |
| 17 | 凸轮轴减振器螺栓 | 23N·m | 44 | 爆震传感器固定螺栓 | 20N·m |
| 18 | 曲轴位置传感器固定螺栓 | 5N·m | 45 | 使用发动机气缸体固定螺栓固定油冷却器 | 10N·m |
| 19 | 凸轮轴后密封件支承板 | 10N·m | 46 | 油位指示器管上部固定螺栓 | 10N·m |
| 20 | 冷却液出液弯管 | 10N·m | | | |
| 21 | 气缸盖固定螺栓 | 第一级：20N·m<br>第二级：40N·m<br>第三级：80N·m<br>第四级：90° | 47 | 机油盘固定螺栓 | 10N·m |
| | | | 48 | 机油泵滤网和取油管 | 10N·m |
| | | | 49 | 机油泵至发动机机身固定螺栓 | 10N·m |
| 22 | 差速器前安装支架隔热板 | 10N·m | 50 | 机油盘放油塞 | 23N·m |
| 23 | EGR阀固定螺栓 | 10N·m | 51 | 油分离器固定螺栓 | 10N·m |
| 24 | EGR阀支承架安装 | 10N·m | 52 | 机油温度传感器 | 10N·m |
| 25 | 发动机通风管固定螺栓 | 15N·m | 53 | 机油滤清器 | 25N·m |
| 26 | 使用发动机底座固定螺母固定横梁 | 62N·m | 54 | 活塞冷气喷嘴固定螺栓 | 10N·m |
| 27 | 使用发动机底座固定螺母固定发动机底座支架 | 62N·m | 55 | 动力转向支架固定螺栓 | 23N·m |
| 28 | 使用发动机气缸体固定螺母固定发动机底座支架 | 115N·m | 56 | 动力转向泵固定螺栓 | 23N·m |
| | | | 57 | 动力转向高压管安装螺栓 | 25N·m |
| 29 | 排气交叉管固定螺母 | 24N·m | | | |
| 30 | 排气歧管隔热板固定螺栓 | 10N·m | 58 | 主正时链张紧器固定螺栓 | 10N·m |
| 31 | 排气歧管固定螺母 | 23N·m | 59 | 次级正时链张紧器螺栓 | 10N·m |
| 32 | 排气歧管固定柱头螺栓 | 24N·m | | | |
| 33 | 挠性盘固定螺栓 | 第一级：50N·m<br>第二级：45°<br>第三级：45° | 60 | 起动机固定螺栓 | 45N·m |
| | | | 61 | 正时皮带张紧器固定螺栓 | 24N·m |
| 34 | 燃油喷射泵 | 23N·m | 62 | 正时皮带惰轮固定螺栓 | 45N·m |
| 35 | 燃油喷射泵轮固定螺母 | 50N·m | | | |
| 36 | 燃油喷射供油歧管 | 23N·m | 63 | 变速器油冷却液管固定支架 | 10N·m |
| 37 | 燃油喷射供油歧管固定支架 | 23N·m | 64 | 变速器固定螺栓 | 45N·m |

续表

| 序号 | 项目 | 规格 | 序号 | 项目 | 规格 |
|---|---|---|---|---|---|
| 65 | 涡轮隔热板 | 10N·m | 69 | 冷却液泵出液管固定螺栓 | 10N·m |
| 66 | 涡轮支承架 | 22N·m | | | |
| 67 | 冷却液泵固定螺栓 | 10N·m | 70 | 气门室盖固定螺栓 | 10N·m |
| 68 | 冷却液泵带轮固定螺栓 | 23N·m | 71 | 真空泵固定螺栓 | 23N·m |

**表 4-21 右侧气缸盖的拆卸和安装**

| 序号 | 项目 | 规格 |
|---|---|---|
| 1 | | 断开蓄电池接地电缆的连接 |
| 2 | | 卸下右侧排气歧管 |
| 3 | | 卸下右凸轮轴 |
| 4 | | 抬起并支撑车辆 |
| 5 | 拆卸右侧气缸盖 | 松开发动机通风管<br>拆下固定螺栓 |
| 6 | | 松开冷却液排气软管<br>松开固定卡夹 |
| 7 | | 卸下气缸盖冷却液弯管<br>拧松两个固定卡夹,并断开软管<br>拆除 4 个固定螺栓<br>卸下并丢弃 O 形密封圈 |
| 8 | | 卸下液压调节器和摇臂总成 |

第四章　路虎车系　141

续表

| 序号 | 项目 | 规格 |
| --- | --- | --- |
| 9 | 拆卸右侧气缸盖 | 小心：切勿将气缸盖接合面朝下放置，未能遵守此指令可能导致车辆损坏<br>卸下右侧气缸盖总成<br>卸下并丢弃8个气缸盖螺栓<br>卸下并丢弃气缸盖衬垫 |
| 10 | | 部件接合面清理干净 |
| 11 | 安装右侧气缸盖 | 小心：<br>①确保接合面干净且没有杂质<br>②清洁并检查气缸盖和气缸体<br>③横过中心，然后从一角到另一角，逐一检查气缸盖面是否变形 |
| 12 | | 小心：务必将气缸盖安装在气缸体定位销上<br>安装一个新的气缸盖衬垫 |
| 13 | | 注意：按照如图所示的四级，拧紧固定螺栓<br>安装右侧气缸盖总成<br>安装新的气缸盖固定螺栓<br>按照如图所示的4级，均匀拧紧螺栓<br>第一级：拧紧至20N·m<br>第二级：拧紧至40N·m<br>第三级：拧紧至80N·m<br>第四级：再拧紧180° |

续表

| 序号 | 项目 | 规格 |
| --- | --- | --- |
| 14 | 安装右侧气缸盖 | 安装液压调节器和摇臂总成 |
| 15 | | 安装气缸盖冷却液出液弯管<br>安装新的O形密封圈<br>安装4个固定螺栓,并拧紧至10N·m<br>连接软管,用卡夹固定 |
| 16 | | 固定冷却液排气软管 |
| 17 | | 固定发动机通风管<br>拧紧螺栓至10N·m |
| 18 | | 安装右侧凸轮轴 |
| 19 | | 安装右侧排气歧管 |
| 20 | | 连接蓄电池接地电缆 |

表 4-22  右侧凸轮轴的拆卸和安装

| 序号 | 项目 | 规格 |
| --- | --- | --- |
| 1 | 拆卸右侧凸轮轴 | 断开蓄电池接地电缆 |
| 2 | | 卸下凸轮轴前密封件 |
| 3 | | 卸下制动器真空泵 |
| 4 | | 卸下右侧气门盖 |
| 5 | | 保持次级正时链张紧器活塞<br>重置次级正时链张紧器<br>将直径为1.5mm的销安装至次级正时链张紧器活塞 |
| 6 | | 小心:均匀并逐步松开凸轮轴轴承盖<br>卸下凸轮轴轴承盖<br>卸下18个固定螺栓 |
| 7 | | 卸下凸轮轴和次级正时链张紧器总成<br>卸下两个固定螺栓<br>释放右次级正时链张紧器 |

续表

| 序号 | 项目 | 规格 |
|---|---|---|
| 8 | 拆卸右侧凸轮轴 | 卸下次级正时链张紧器 |
| 9 | | 卸下右侧凸轮轴<br>从右凸轮轴上释放次级正时链 |
| 10 | 安装右侧凸轮轴 | 将次级正时链安装于凸轮轴上 |
| 11 | | 小心：在所有凸轮轴轴承盖安装完成后再释放次级正时链张紧器锁定销<br>安装次级正时链张紧器<br>将凸轮轴上的标记与次级正时链上的标记对齐（箭头） |
| 12 | | 安装凸轮轴和次级正时链张紧器总成<br>润滑轴颈和凸轮轴凸轮 |
| 13 | | 连接右次级正时链张紧器<br>拧紧两个固定螺栓至10N·m |
| 14 | | 安装凸轮轴轴承盖<br>不要在此时安装两个排气门凸轮轴端轴承盖<br>在所示的三个步骤中，均匀拧紧螺栓<br>第一级：拧紧至1N·m<br>第二级：拧紧至5N·m<br>第三级：拧紧至10N·m |
| 15 | | 将密封剂涂抹于排气门凸轮轴端轴承盖上 |

| 序号 | 项目 | 规格 |
|---|---|---|
| 16 | 安装右侧凸轮轴 | 安装凸轮轴轴承盖<br>均匀拧紧螺栓<br>第一级：拧紧至1N·m<br>第二级：拧紧至5N·m<br>第三级：拧紧至10N·m |
| 17 | | 释放次级正时链张紧器活塞<br>卸下锁定销 |
| 18 | | 安装右侧气门盖 |
| 19 | | 安装制动器真空泵 |
| 20 | | 安装凸轮轴前密封件 |
| 21 | | 连接蓄电池接地电缆 |

# 第五节 3.6L TDV8 发动机

## 一、机油加注

① 更换机油时含机油滤清器滤芯的加注量为9.5L。
② 放油螺栓力矩为23N·m。
③ 机油滤清器盖安装力矩为35N·m。

## 二、更换机油机滤和发动机相关数据（表4-23~表4-26）

表4-23 更换机油机滤

| 序号 | 项目 | 内容 |
|---|---|---|
| 1 | | 断开蓄电池接地电缆 |
| 2 | | 举升并支撑好车辆 |
| 3 | | 卸下发动机盖 |
| 4 | | 松开机油滤清器口盖3圈并排放机油 |
| 5 | 排空机油 | 拆除机油滤清器口盖和机油滤清器滤芯 |

续表

| 序号 | 项目 | 内容 |
|---|---|---|
| 6 | 排空机油 | 卸下并丢弃机油滤清器滤芯<br>拆除并丢弃机油滤清器口盖 O 形密封圈 |
| 7 | | 卸下发动机下挡板 |
| 8 | | 排放机油<br>放置一个容器,以收集机油<br>拆下并丢弃 2 个放油塞<br>让机油排出 |
| 9 | 安装机油滤清器及加注机油 | 安装新的放油塞<br>清洁元件接合面<br>拧紧放油塞至 23N·m<br>拿走容器 |
| 10 | | 安装发动机下挡板 |
| 11 | | 安装一个新的机油滤清器口盖 O 形密封圈<br>清洗元件<br>使用干净的机油润滑 O 形密封圈 |
| 12 | | 安装一个新的机油滤清器滤芯到机油滤清器口盖上<br>使用干净的机油润滑机油滤清器滤芯 O 形密封圈 |
| 13 | | 安装机油滤清器口盖和机油滤清器滤芯<br>拧紧机油滤清器口盖至 35N·m |
| 14 | | 给发动机加注推荐的机油,至其达到正确的油位 |
| 15 | | 安装发动机盖 |
| 16 | | 连接蓄电池接地电缆 |
| 17 | 检查油位 | 检查并加满机油 |

**表 4-24** 发动机常规数据

| 序号 | 项目 | 规格 |
|---|---|---|
| 1 | 类型 | 3.6L,60°V 型,共轨直接喷射,双增压器和中冷器柴油机,双顶置凸轮轴,每个气缸有 4 个气门 |
| 2 | 气缸排列 | 当从气缸体后部查看发动机时(V8),编号为 1 和 5 的气缸在发动机前部 |
| 3 | 气缸编号 | 右侧:连接编号为 1 的前部气缸和编号为 4 的气缸<br>左侧:连接编号为 5 的前部气缸和编号为 8 的气缸 |
| 4 | 缸径(额定值) | 81.009mm |
| 5 | 冲程 | 88.0mm |

续表

| 序号 | 项目 | 规格 |
|---|---|---|
| 6 | 容量 | 3628mL |
| 7 | 点火次序 | 1-5-4-2-6-3-7-8 |
| 8 | 压缩比 | 17.3：1 |
| 9 | 旋转方向 | 从发动机后部逆时针查看 |
| 10 | 最大输出功率 | 转速4000r/min时为200kW |
| 11 | 最大扭矩 | 转速2000r/min时为640N·m |
| 12 | 在急速下的最低机油压力 | 50～80kPa |
| 13 | 转速为2000～3500r/min时的机油压力 | 200～240kPa |
| 14 | 缸盖最大允许翘曲(平整度规格) | 0.2mm |

表4-25 发动机螺栓力矩

| 序号 | 项目 | 规格 | 序号 | 项目 | 规格 |
|---|---|---|---|---|---|
| 1 | 附件传动带惰轮螺栓(65mm) | 48N·m | 12 | 右侧凸轮轴链轮和齿轮螺栓 | 第一级：紧固排气门凸轮轴齿轮螺栓，扭矩为80N·m<br>第二级：紧固排气门凸轮轴齿轮螺栓，顺时针旋转80°<br>第三级：紧固进气门凸轮轴链轮和齿轮螺栓，扭矩为80N·m<br>第四级：紧固进气门凸轮轴链轮和齿轮螺栓，顺时针旋转80° |
| 2 | 附件传动带惰轮螺栓(80mm) | 80N·m |
| 3 | 辅助传动带张紧器螺栓 | 25N·m |
| 4 | 空调(A/C)压缩机固定螺栓 | 23N·m |
| 5 | 空调压缩机安装支架固定螺栓 | 23N·m |
| 6 | 空调压缩机高压制冷管螺栓 | 23N·m | 13 | 冷却液泵螺栓 | 23N·m |
| 14 | 冷却液泵带轮螺栓 | 25N·m |
| 7 | 凸轮轴位置传感器螺栓 | 10N·m | 15 | 曲轴皮带轮螺栓 | 第一级：140N·m<br>第二级：90° |
| 8 | 蓄电池正极电缆螺母 | 22N·m | 16 | 气缸盖螺栓 | 第一级：紧固M13螺栓，扭矩为20N·m<br>第二级：紧固M13螺栓，扭矩为40N·m<br>第三级：紧固M13螺栓，扭矩为80N·m<br>第四级：紧固M13螺栓，顺时针旋转180°<br>第五级：紧固M8螺栓，扭矩为20N·m |
| 9 | 凸轮轴内轴承盖固定螺栓 | 第一级：1N·m<br>第二级：5N·m<br>第三级：10N·m |
| 10 | 真空泵盖螺栓 | 10N·m |
| 11 | 左侧凸轮轴链轮和齿轮螺栓 | 第一级：紧固排气门凸轮轴齿轮螺栓，扭矩为80N·m<br>第二级：紧固排气门凸轮轴齿轮螺栓，顺时针旋转80°<br>第三级：紧固进气门凸轮轴链轮和齿轮螺栓，扭矩为80N·m<br>第四级：紧固进气门凸轮轴链轮和齿轮螺栓，顺时针旋转80° | 17 | 气缸体冷却液弯管螺栓 | 10N·m |
| 18 | 曲轴位置传感器螺栓 | 5N·m |
| 19 | 曲轴后密封板螺栓 | 10N·m |
| 20 | EGR阀输入管螺栓 | 10N·m |
| 21 | EGR阀和冷却器总成螺栓 | 10N·m |

续表

| 序号 | 项目 | 规格 | 序号 | 项目 | 规格 |
|---|---|---|---|---|---|
| 22 | 发动机通风管螺栓 | 23N·m | 41 | 机油油位指示器管螺母 | 23N·m |
| 23 | 发动机安装支架螺栓 | 115N·m | 42 | 油底壳放油塞 | 23N·m |
| 24 | 发动机固定螺栓 | 100N·m | 43 | 油液隔板螺栓 | 23N·m |
| 25 | 排气歧管隔热板螺栓 | 10N·m | 44 | 机油压力传感器 | 14N·m |
| 26 | 排气歧管螺母 | 23N·m | 45 | 油滤清器盖 | 35N·m |
| 27 | 排气歧管指销 | 13N·m | 46 | 动力转向器螺栓 | 100N·m |
| 28 | 挠性传动板螺栓 | 95N·m | 47 | 动力转向泵螺栓 | 23N·m |
| 29 | 前驱动轴接头防尘罩螺栓 | 3N·m | 48 | 用于转向器压力管螺栓的动力转向泵 | 25N·m |
| 30 | 前驱动轴接头防尘罩螺母 | 10N·m | 49 | 启动电动机螺栓 | 45N·m |
| 31 | 燃油喷射泵螺栓 | 23N·m | 50 | 正时链张紧器螺栓 | 10N·m |
| 32 | 喷油器螺栓 | 10N·m | 51 | 变速器油液管支架螺栓 | 6N·m |
| 33 | 燃油轨螺栓 | 23N·m | 52 | 变速器螺栓 | 45N·m |
| 34 | 发电机螺栓 | 47N·m | 53 | 涡轮增压器隔热板螺栓 | 10N·m |
| 35 | 发电机蓄电池正极电缆螺母 | 15N·m | 54 | 涡轮增压器支承架螺栓 | 24N·m |
| 36 | 电热塞 | 10N·m | 55 | 阀盖螺栓 | 10N·m |
| 37 | 爆燃传感器螺栓 | 20N·m | 56 | 真空泵螺栓 | 23N·m |
| 38 | 油底壳 M6 螺栓 | 10N·m | 57 | 真空泵螺母 | 23N·m |
| 39 | 油底壳 M8 螺栓 | 23N·m | 58 | 真空泵指销 | 10N·m |
| 40 | 油泵螺栓 | 第一级:4N·m<br>第二级:10N·m | | | |

表 4-26　正时驱动部件的拆卸和安装

| 序号 | 项目 | 规格 |
|---|---|---|
| 1 | 拆卸正时驱动部件 | 断开蓄电池接地电缆 |
| 2 | | 排干机油 |
| 3 | | 卸下发动机 |
| 4 | | 将发动机安装到合适的发动机机架上 |
| 5 | | 卸下左侧燃油管防护罩<br>松开 2 根燃油管<br>卸下 7 个螺母 |

续表

| 序号 | 项目 | 规格 |
|---|---|---|
| 6 | 拆卸正时驱动部件 | 卸下右侧燃油管防护罩<br>卸下 7 个螺母 |
| 7 | | 断开 8 个燃油喷嘴电气接头<br>松开加油线束 |
| 8 | | 松开冷却液软管 |
| 9 | | 断开废气再循环(EGR)阀电气接头 |
| 10 | | 松开发动机线束 |
| 11 | | 断开 4 个爆燃传感器(KS)电气接头<br>松开线束 |
| 12 | | 拆下燃油轨压力(FRP)传感器电气接头的接线<br>松开线束 |
| 13 | | 断开燃油温度传感器电气接头 |
| 14 | | 断开凸轮轴位置(CMP)传感器电气接头 |
| 15 | | 断开两个歧管绝对压力和温度(MAPT)传感器电气接头 |

续表

| 序号 | 项目 | 规格 |
|---|---|---|
| 16 | | 断开两个节气门体电气接头 |
| 17 | | 重新定位发动机线束 |
| 18 | | 卸下发动机盖安装支架<br>松开真空线<br>卸下 4 个螺栓 |
| 19 | | 断开两条真空管 |
| 20 | 拆卸正时驱动部件 | 释放两根 EGR 阀输出管<br>完全拧松 4 个螺栓 |
| 21 | | 重新定位两个进气歧管充气室后软管<br>释放 4 个卡夹 |
| 22 | | 松开进气歧管<br>释放 2 个卡夹<br>完全拧松 6 个螺栓 |
| 23 | | 卸下进气歧管 |
| 24 | | 卸下燃油泵防护罩<br>卸下 3 个螺栓 |

续表

| 序号 | 项目 | 规格 |
|---|---|---|
| 25 | 拆卸正时驱动部件 | 卸下并丢弃 2 个高压供油管<br>卸下 2 个螺母 |
| 26 | | 断开低压燃油回流管的连接 |
| 27 | | 断开燃油调节阀电气接头 |
| 28 | | 断开燃油调节阀电气接头 |
| 29 | | 卸下燃油泵<br>卸下低压供油管<br>卸下 3 个螺栓<br>卸下并丢弃衬垫 |

续表

| 序号 | 项目 | 规格 |
|---|---|---|
| 30 | | 卸下制动器真空泵<br>卸下 2 个螺栓<br>卸下并丢弃衬垫 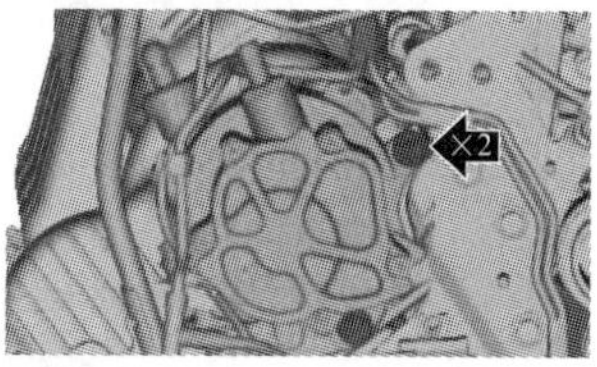 |
| 31 | | 从喷油器上断开连接燃油回流管<br>卸下并丢弃 8 个燃油回流管卡夹 |
| 32 | | 卸下并丢弃 8 个高压供油管 |
| 33 | | 卸下 2 个喷油器螺栓 |
| 34 | | 安装专用工具指销 |
| 35 | | 安装专用工具拆卸器支架和指销 |
| 36 | 拆卸正时驱动部件 | 安装专用工具锁定板和拆卸器支架 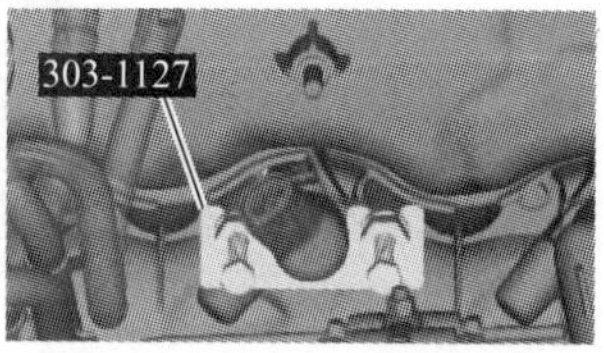 |
| 37 | | 卸下喷油器<br>顺时针均匀旋转专用工具<br>卸下专用工具 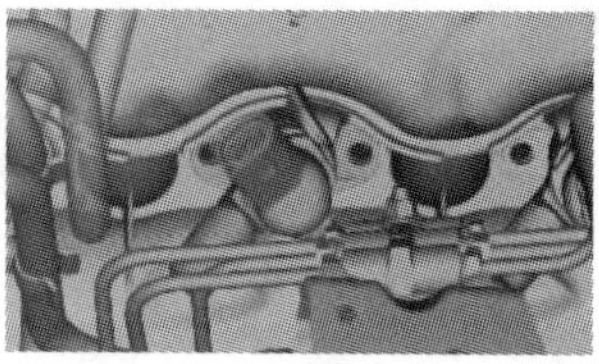 |
| 38 | | 卸下其余 7 个喷油器 |
| 39 | | 卸下 2 个燃油轨<br>注意:图示为左侧的操作,右侧操作相同 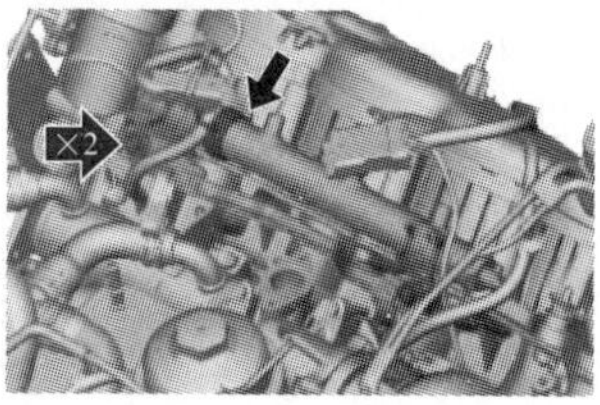 |
| 40 | | 松开电热塞线束<br>卸下 4 个螺栓<br>卸下 2 个支架 |

续表

| 序号 | 项目 | 规格 |
|---|---|---|
| 41 | 拆卸正时驱动部件 | 断开 EGR 冷却器冷却液软管 |
| 42 | | 卸下 EGR 阀和冷却器总成 |
| 43 | | 卸下气缸体冷却液弯管和软管总成 |
| 44 | | 卸下左侧气门盖<br>完全拧松 18 个螺栓<br>卸下并丢弃衬垫 |
| 45 | | 卸下右侧气门盖<br>完全拧松 17 个螺栓<br>卸下并丢弃衬垫 |
| 46 | | 卸下曲轴带轮 |
| 47 | | 卸下挠性传动板<br>卸下并丢弃 8 个螺栓 |
| 48 | | 卸下油底壳<br>卸下 22 个螺栓<br>卸下并丢弃衬垫 |

续表

| 序号 | 项目 | 规格 |
|---|---|---|
| 49 | 拆卸正时驱动部件 | 卸下油泵<br>卸下 11 个螺栓<br>卸下并丢弃衬垫<br>拆下并丢弃曲轴前密封件 |
| 50 | | 卸下曲轴正时销插头 |
| 51 | | 注意:曲轴正时工具编号为 2、4、7 和 8 的活塞大致位于 TDC 上,因为定位销可锁定到曲柄臂而不是机加工表面 |
| 52 | | 安装专用工具 303-1238<br>顺时针旋转曲轴直至曲轴碰到曲轴正时链 |
| 53 | | 将专用工具 303-1236 安装到左侧和右侧凸轮轴<br>拧紧螺栓至 10N·m |
| 54 | | 卸下真空泵盖<br>卸下 2 个螺栓 |

| 序号 | 项目 | 规格 |
|---|---|---|
| 55 | 拆卸正时驱动部件 | 卸下并丢弃两个液压正时链张紧器 |
| 56 | | 卸下左侧正时链链轮和齿轮<br>卸下并丢弃 2 个螺栓 |
| 57 | | 卸下左侧正时链 |
| 58 | | 卸下左侧正时链张紧器定位销<br>卸下并丢弃 O 形密封圈 |
| 59 | | 卸下左侧正时链张紧器导轨 |
| 60 | | 卸下右侧正时链链轮和齿轮<br>卸下并丢弃 2 个螺栓 |

续表

| 序号 | 项目 | 规格 |
|---|---|---|
| 61 | 拆卸正时驱动部件 | 卸下右侧正时链 |
| 62 | | 卸下右侧正时链张紧器导轨孔<br>卸下并丢弃 O 形密封圈 |
| 63 | | 卸下右侧正时链张紧器导轨 |
| 64 | 安装正时驱动部件 | 安装右侧正时链张紧器导轨 |
| 65 | | 安装右侧正时链张紧器导轨孔<br>注意：使用干净的机油润滑 O 形密封圈<br>安装新 O 形密封圈<br>拧紧至 28N·m |
| 66 | | 安装右侧正时链 |
| 67 | | 卸下右侧正时链链轮和齿轮 |
| 68 | | 安装新的右侧液压正时链张紧器<br>拧紧螺栓至 10N·m |
| 69 | | 安装真空泵盖<br>拧紧螺栓至 10N·m |
| 70 | | 安装左侧正时链张紧器导轨 |
| 71 | | 安装左侧正时链张紧器定位销<br>安装新 O 形密封圈<br>拧紧至 28N·m |
| 72 | | 安装左侧正时链 |
| 73 | | 安装左侧正时链链轮和齿轮 |
| 74 | | 安装新的左侧液压正时链张紧器<br>安装新 O 形密封圈<br>拧紧螺栓至 10N·m |
| 75 | | 释放液压正时链张紧器<br>拧紧螺栓至 10N·m |

续表

| 序号 | 项目 | 规格 |
|---|---|---|
| 76 | 安装正时驱动部件 | 拧紧左侧凸轮轴链轮和齿轮<br>第一级:拧紧排气凸轮轴齿轮螺栓至 80N·m<br>第二级:再将排气凸轮轴齿轮螺栓拧紧 80°<br>第三级:拧紧进气凸轮轴链轮和齿轮至 80N·m<br>第四级:再将进气凸轮轴链轮和齿轮螺栓拧紧 80° |
| 77 | | 拧紧右侧凸轮轴链轮和齿轮<br>第一级:拧紧排气凸轮轴齿轮螺栓至 80N·m<br>第二级:再将排气凸轮轴齿轮螺栓拧紧 80°<br>第三级:拧紧进气凸轮轴链轮和齿轮至 80N·m<br>第四级:再将进气凸轮轴链轮和齿轮螺栓拧紧 80° |
| 78 | | 拆卸专用工具 |
| 79 | | 安装曲轴正时销插头 |
| 80 | | 注意:使用 20mL 的机油灌注油泵 |
| 81 | | 安装油泵<br>清洁部件接合面<br>安装一个新的衬垫<br>第一级:拧紧螺栓至 4N·m<br>第二级:拧紧螺栓至 10N·m |
| 82 | | 将一个新的曲轴前密封件安装在专用工具 303-112 上 |
| 83 | | 从专用工具上卸下套筒 |
| 84 | | 使用专用工具 303-1121 安装新的曲轴前密封件 |
| 85 | | 安装油底壳<br>清洁部件接合面<br>在如图所示的四个地方使用密封剂<br>安装一个新的衬垫 |
| 86 | | 固定油底壳<br>拧紧 M6 螺栓至 10N·m<br>将 M8 螺栓拧紧至 23N·m |
| 87 | | 安装挠性传动板<br>拧紧螺栓至 95N·m |

续表

| 序号 | 项目 | 规格 |
|---|---|---|
| 88 | 安装正时驱动部件 | 安装曲轴带轮<br>必须安装新的曲轴带轮螺栓<br>第一级：拧紧螺栓至 140N·m<br>第二级：再拧紧螺栓 90° |
| 89 | | 卸下专用工具 303-1243 |
| 90 | | 安装右侧气门盖<br>安装一个新的衬垫<br>安装专用工具 303-1244<br>拧紧螺栓至 10N·m<br>卸下专用工具 |
| 91 | | 安装左侧气门盖<br>安装一个新的衬垫<br>安装专用工具 303-1244<br>拧紧螺栓至 10N·m<br>卸下专用工具 |
| 92 | | 安装气缸体冷却液弯管和软管总成<br>安装新 O 形密封圈<br>拧紧螺栓至 10N·m<br>连接冷却液软管<br>用卡夹固定 |
| 93 | | 安装 EGR 阀和冷却器总成<br>拧紧螺栓至 10N·m |
| 94 | | 连接 EGR 冷却器冷却液软管<br>用卡夹固定 |
| 95 | | 安装两个燃油轨 |
| 96 | | 装一个新的喷油器夹紧器 |
| 97 | | 安装喷油器 |

续表

| 序号 | 项目 | 规格 |
|---|---|---|
| 98 | 安装正时驱动部件 | 安装油箱 |
| 99 | | 连接燃油调节阀电气接头 |
| 100 | | 连接燃油压力控制阀电气接头 |
| 101 | | 松散安装新的高压燃油输送管 |
| 102 | | 固定喷油器<br>拧紧螺栓至 10N·m |
| 103 | | 固定燃油轨<br>拧紧螺栓至 23N·m |
| 104 | | 固定高压燃油输送管<br>第一级:拧紧高压燃油输送管接头至 15N·m<br>第二级:将高压燃油输送管接头拧紧至 30N·m |
| 105 | | 固定燃油管 |
| 106 | | 固定电热丝线束 |
| 107 | | 连接燃油回流管和喷油器 |
| 108 | | 连接低压燃油回流管 |
| 109 | | 安装燃油泵防护罩 |
| 110 | | 安装制动器真空泵 |
| 111 | | 安装进气歧管充气室 |
| 112 | | 重新定位进气歧管充气室后面的软管 |
| 113 | | 固定两根 EGR 阀输出管 |
| 114 | | 连接真空管路 |
| 115 | | 固定发动机线束 |
| 116 | | 安装发动机盖安装支架 |
| 117 | | 连接两个节气门体电气接头 |
| 118 | | 连接两个 MAPT 传感器电气接头 |
| 119 | | 连接燃油温度传感器电气接头 |
| 120 | | 连接 FRP 传感器电气接头的接线 |
| 121 | | 连接爆燃传感器(KS)电气接头 |
| 122 | | 连接 CMP 传感器电气接头的接线 |
| 123 | | 连接电热塞电气接头的接线 |
| 124 | | 连接两个 EGR 阀电气接头 |
| 125 | | 固定冷却液软管 |
| 126 | | 连接喷油器电气接头 |
| 127 | | 安装右侧燃油管防护罩 |
| 128 | | 安装左侧燃油管防护罩 |
| 129 | | 从发动机座上拆下发动机 |
| 130 | | 安装发动机 |
| 131 | | 为发动机加注推荐的机油至正确液位 |
| 132 | | 连接蓄电池接地电缆 |

## 第六节　4.4L TDV8 发动机

### 一、机油加注

① 更换机油时含机油滤清器滤芯的加注量为 9.5L。
② 放油螺栓力矩为 23N·m。
③ 机油滤清器盖安装力矩为 27N·m。

### 二、更换机油机滤（表 4-27）

表 4-27　更换机油机滤

| 序号 | 项目 | 内容 |
|---|---|---|
| 1 | 排空机油 | 拧松机油滤清器盖 3 圈，并让机油排空 |
| 2 | 排空机油 | 拆下并弃用机油滤清器滤芯<br>卸下并丢弃机油滤清器盖 O 形密封圈 |
| 3 | 排空机油 | 抬起并支撑车辆 |
| 4 | 排空机油 | 放置一个容器，收集机油<br>拆下并弃用油底壳放油塞 |
| 5 | 安装机油滤清器及加注机油 | 安装油底壳放油塞，扭矩为 23N·m<br>拿走容器 |

续表

| 序号 | 项目 | 内容 |
|---|---|---|
| 6 | 安装机油滤清器及加注机油 | 清洁各部件<br>将一个新的机油滤清器滤芯元件安装到机油滤清器滤芯盖上<br>安装一个新的油滤清器盖O形密封圈<br>使用干净的机油润滑O形密封圈<br>扭矩为27N·m |
| 7 | | 向发动机添加推荐机油至正确液位 |
| 8 | 检查油位 | 启动发动机并让其运转10min,然后关闭发动机<br>检查是否泄漏信息中心显示维修模式下的实际机油位置<br>只有在启动并运行发动机10min后,才能关闭发动机,然后待机10min,从机油位置显示屏上读取读数,如果需要,加注机油 |

## 三、发动机相关数据（表4-28~表4-30）

表4-28 发动机常规数据

| 序号 | 项目 | 规格 |
|---|---|---|
| 1 | 类型 | 4.4L,90°V型,共轨直喷,双涡轮增压和中冷柴油机,双顶置凸轮轴,每缸四气门 |
| 2 | 气缸排列 | 当从气缸体后部查看发动机时(V8),编号为1和5的气缸在发动机前部 |
| 3 | 气缸编号 | 右侧:连接编号为1的前部气缸和编号为4的气缸<br>左侧:连接编号为5的前部气缸和编号为8的气缸 |
| 4 | 缸径(额定值) | 84mm |

续表

| 序号 | 项目 | 规格 |
|---|---|---|
| 5 | 冲程 | 98.5mm |
| 6 | 容量 | 4367mL |
| 7 | 点火次序 | 1-5-4-2-6-3-7-8 |
| 8 | 压缩比 | 16.1∶1 |
| 9 | 旋转方向 | 从发动机后部逆时针查看 |
| 10 | 最大输出功率 | 在转速3500r/min时为250kW |
| 11 | 最大扭矩 | 在转速1750~3000r/min时为700N·m |
| 12 | 缸盖最大允许翘曲（平整度规格） | 0.2mm |

表4-29 发动机螺栓力矩

| 序号 | 项目 | 规格 | 序号 | 项目 | 规格 |
|---|---|---|---|---|---|
| 1 | 空调压缩机高压制冷管螺栓 | 18N·m | 14 | 左侧凸轮轴链轮和齿轮螺栓 | 第三级：紧固进气门凸轮轴链轮和齿轮螺栓，扭矩为80N·m<br>第四级：紧固进气门凸轮轴链轮和齿轮螺栓，顺时针旋转80° |
| 2 | 动态响应液压泵M10螺栓 | 48N·m | 15 | 右侧凸轮轴链轮和齿轮螺栓 | 第一级：紧固排气门凸轮轴齿轮螺栓，扭矩为80N·m<br>第二级：紧固排气门凸轮轴齿轮螺栓，顺时针旋转80°<br>第三级：紧固进气门凸轮轴链轮和齿轮螺栓，扭矩为80N·m<br>第四级：紧固进气门凸轮轴链轮和齿轮螺栓，顺时针旋转80° |
| 3 | 动态响应液压泵M8螺栓 | 25N·m |
| 4 | 附件传动带惰轮螺栓（65mm） | 48N·m |
| 5 | 附件传动带惰轮螺栓（80mm） | 80N·m |
| 6 | 辅助传动带张紧器螺栓 | 25N·m |
| 7 | 空调（A/C）压缩机固定螺栓 | 23N·m |
| 8 | 空调压缩机安装支架固定螺栓 | 23N·m | 16 | 冷却液泵螺栓 | 23N·m |
| 17 | 冷却液泵带轮螺栓 | 25N·m |
| 9 | 空调压缩机高压制冷管螺栓 | 23N·m | 18 | 曲轴皮带轮螺栓 | 第一级：100N·m<br>第二级：103°<br>第三级：35° |
| 10 | 凸轮轴位置传感器螺栓 | 10N·m |
| 11 | 蓄电池正极电缆螺母 | 22N·m | 19 | 气缸盖螺栓 | 第一级：紧固M13螺栓，扭矩为20N·m<br>第二级：紧固M13螺栓，扭矩为40N·m<br>第三级：紧固M13螺栓，扭矩为80N·m<br>第四级：紧固M13螺栓，顺时针旋转180°<br>第五级：紧固M8螺栓，扭矩为20N·m |
| 12 | 凸轮轴内轴承盖固定螺栓 | 第一级：1N·m<br>第二级：5N·m<br>第三级：10N·m |
| 13 | 真空泵盖螺栓 | 10N·m |
| 14 | 左侧凸轮轴链轮和齿轮螺栓 | 第一级：紧固排气门凸轮轴齿轮螺栓，扭矩为80N·m<br>第二级：紧固排气门凸轮轴齿轮螺栓，顺时针旋转80° |
| 20 | 气缸体冷却液弯管螺栓 | 10N·m |

续表

| 序号 | 项目 | 规格 | 序号 | 项目 | 规格 |
|---|---|---|---|---|---|
| 21 | 曲轴位置传感器螺栓 | 5N·m | 45 | 油底壳放油塞 | 23N·m |
| 22 | 曲轴后密封板螺栓 | 10N·m | 46 | 油液隔板螺栓 | 23N·m |
| 23 | EGR阀输入管螺栓 | 10N·m | 47 | 机油压力传感器 | 14N·m |
| 24 | EGR阀和冷却器总成螺栓 | 10N·m | 48 | 油滤清器盖 | 27N·m |
| | | | 49 | 动力转向器螺栓 | 100N·m |
| 25 | 发动机通风管螺栓 | 23N·m | 50 | 动力转向泵螺栓 | 23N·m |
| 26 | 发动机安装支架螺栓 | 115N·m | 51 | 用于转向器压力管螺栓的动力转向泵 | 25N·m |
| 27 | 发动机固定螺栓 | 100N·m | | | |
| 28 | 排气歧管隔热板螺栓 | 10N·m | 52 | 启动电动机螺栓 | 45N·m |
| 29 | 排气歧管螺母 | 23N·m | 53 | 正时链张紧器螺栓 | 10N·m |
| 30 | 排气歧管柱头螺栓 | 13N·m | 54 | 变速器油液管支架螺栓 | 6N·m |
| 31 | 挠性传动板螺栓 | 第1级:15N·m 第2级:50° | 55 | 变速器螺栓 | 45N·m |
| 32 | 前驱动轴接头防尘罩螺栓 | 3N·m | 56 | 涡轮增压器隔热板螺栓 | 10N·m |
| 33 | 前驱动轴接头防尘罩螺母 | 10N·m | 57 | 涡轮增压器支承架螺栓 | 24N·m |
| 34 | 燃油喷射泵螺栓 | 23N·m | 58 | 阀盖螺栓 | 10N·m |
| 35 | 喷油器螺栓 | 10N·m | 59 | 真空泵螺栓 | 23N·m |
| 36 | 燃油轨螺栓 | 23N·m | 60 | 真空泵螺母 | 23N·m |
| 37 | 发电机螺栓 | 47N·m | 61 | 真空泵指销 | 10N·m |
| 38 | 发电机蓄电池正极电缆螺母 | 15N·m | 62 | 涡轮增压器至排气歧管M8柱头螺栓 | 13N·m |
| 39 | 电热塞 | 10N·m | 63 | 涡轮增压器至排气歧管螺母 | 23N·m |
| 40 | 爆燃传感器螺栓 | 20N·m | | | |
| 41 | 油底壳M6螺栓 | 10N·m | 64 | 机油供油到涡轮排气短管M8螺栓 | 8N·m |
| 42 | 油底壳M8螺栓 | 23N·m | | | |
| 43 | 油泵螺栓 | 第一级:4N·m 第二级:10N·m | 65 | 机油供油到涡轮排气短管中空螺栓 | 23N·m |
| 44 | 机油油位指示器管螺母 | 23N·m | | | |

**表 4-30** 机油冷却器拆卸和安装

| 序号 | 项目 | 内容 |
|---|---|---|
| 1 | 拆卸机油冷却器 | 断开蓄电池接地电缆 |

续表

| 序号 | 项目 | 内容 |
|---|---|---|
| 2 | 拆卸机油冷却器 | 松开机油滤清器滤芯壳体3圈,以排空机油 |
| 3 | | 拆除进气歧管 |
| 4 | | 断开电气接头 |
| 5 | | 松开接线线束 |
| 6 | | 松开软管 |
| 7 | | 拆除支架 |
| 8 | | 拆下机油冷却器螺栓 |

续表

| 序号 | 项目 | 内容 |
|---|---|---|
| 9 | 拆卸机油冷却器 | 拆除机油冷却器<br>拆下并弃用机油冷却器密封件 |
| 10 | 安装机油冷却器 | 安装一个新的机油冷却器密封件 |
| 11 | | 将机油冷却器安装至发动机<br>在此阶段查找所有螺栓,但不要完全拧紧 |
| 12 | | 拧紧螺栓1~7<br>扭矩为13N·m<br>拧紧螺栓8~13,扭矩为5N·m |
| 13 | | 拧紧机油滤清器滤芯壳体,扭矩为27N·m |
| 14 | | 安装通风软管支架,扭矩为10N·m |
| 15 | | 固定通风软管,扭矩为10N·m |
| 16 | | 固定接线线束,扭矩为10N·m |
| 17 | | 连接电气接头 |

# 第五章 吉利车系 [2.5L（R2516C）发动机]

## 一、机油加注

① 更换机油时含机油滤清器滤芯的加注量为6L。

② 机油滤清器盖安装力矩：固定机油滤清器后，再旋转半圈。

## 二、发动机相关数据（表5-1）

表5-1 发动机常规数据

| 序号 | 项目 | 规格 | 序号 | 项目 | 规格 |
|---|---|---|---|---|---|
| 1 | 类型 | 共轨柴油发动机 | 15 | 公称尺寸 | 62.985～63.005mm |
| 2 | 气缸排列 | 直列4缸 | 16 | 公差−0.25 | 62.735～62.755mm |
| 3 | 怠速真空度 | 685.8mm/Hg（1mmHg=133.32Pa） | 17 | 前轴径直径 | |
| | | | 18 | 公称尺寸 | 63.045～63.074mm |
| 4 | 缸径（额定值） | 92mm | 19 | 公差−0.25 | 62.795～62.824mm |
| 5 | 冲程 | 94mm | 20 | 中轴径直径 | |
| 6 | 容量 | 2499mL | 21 | 公称尺寸 | 63.005～63.020mm |
| 7 | 点火次序 | 1-5-4-2-6-3-7-8 | 22 | 公差−0.25 | 62.755～62.770mm |
| 8 | 压缩比 | 17.5：1 | 23 | 轴径与轴承间隙 | 0.008～0.051mm |
| 9 | 燃油供给 | 叶轮泵并入喷油泵中 | 24 | 后轴径尺寸 | |
| 10 | 最大输出功率 | 在转速4000r/min时为105kW | 25 | 公称尺寸 | 89.980～90.000mm |
| | | | 26 | 公差−0.25 | 89.730～99.750mm |
| 11 | 最大扭矩 | 在转速2600r/min时为340N·m | 27 | 后轴承直径 | |
| | | | 28 | 公称尺寸 | 90.045～90.065mm |
| 12 | 缸盖最大允许翘曲（平整度规格） | 0.2mm | 29 | 公差−0.25 | 89.795～89.815mm |
| | | | 30 | 轴径与轴承间隙 | 0.045～0.080mm |
| 13 | 曲轴数据 | | 31 | 连杆轴径 | |
| 14 | 前轴径尺寸 | | 32 | 公称尺寸 | 53.940～53.955mm |

续表

| 序号 | 项目 | 规格 | 序号 | 项目 | 规格 |
|---|---|---|---|---|---|
| 33 | 公差−0.25 | 53.690～53.750mm | 36 | 公差−0.25 | 53.727～53.766mm |
| 34 | 连杆轴承 | | 37 | 轴径与轴承间隙 | 0.022～0.076mm |
| 35 | 公称尺寸 | 53.977～54.016mm | 38 | 曲轴端隙 | 0.080mm～0.280mm |

表 5-2 发动机螺栓力矩

| 序号 | 项目 | 规格/N·m | 序号 | 项目 | 规格/N·m |
|---|---|---|---|---|---|
| 1 | 油泵螺栓 | 10.8 | 23 | 内部正时盖 10mm 螺栓 | 47.1 |
| 2 | 真空泵螺栓 | 10.8 | 24 | 外部正时盖 3mm 螺栓 | 3 |
| 3 | 齿轮螺栓 | 10.8 | 25 | 外部正时盖 8mm 螺栓 | 10.8 |
| 4 | 曲轴位置传感器螺栓 | 10.8 | 26 | 发动机安装支架至气缸盖螺栓 | 47.1 |
| 5 | 后主轴承座螺栓 | 27.5 | | | |
| 6 | 油冷却器至气缸体安装螺栓 | 47.1 | 27 | 进气进口管螺栓 | 10.1 |
| 7 | 油冷却器安装螺栓 | 50 | 28 | 凸轮轴链轮螺栓 | 108 |
| 8 | 水泵外壳螺母 | 24.4 | 29 | 正时皮带惰轮螺栓 | 47.1 |
| 9 | 平衡轴螺栓 | 32.4 | 30 | 正时皮带张紧轮螺栓 | 34.7 |
| 10 | 机油喷嘴螺栓 | 10.8 | 31 | 燃油泵螺母 | 88.3 |
| 11 | 油盘螺栓 | 11.8 | 32 | 发动机提升钩螺栓 | 32.4 |
| 12 | 曲轴毂螺栓 | 275 | 33 | 节温器壳螺栓 | 27.5 |
| 13 | 发动机前盖螺栓 | 11.8 | 34 | 排气歧管螺母 | 36 |
| 14 | 变速器与发动机连接的螺栓 | 83.4 | 35 | 排气歧管隔热板螺栓 | 27.5 |
| 15 | 气缸盖/进气歧管螺栓 | 27.5 | 36 | EGR 阀门螺母 | 32.4 |
| 16 | 油水分离器螺栓 | 80 | 37 | 连接 EGR 管与 EGR 的螺栓 | 32.4 |
| 17 | 凸轮轴位置传感器螺栓 | 10.8 | 38 | 涡轮增压器支架螺栓 | 47.1 |
| 18 | 增压/进气温度传感器螺栓 | 10.8 | 39 | 减振器与曲轴毂连接的螺栓 | 27.5 |
| 19 | 附件驱动支架螺栓 | 47.1 | 40 | 曲轴支撑螺栓 | 44.1 |
| 20 | 真空管接头螺栓 | 56.9 | 41 | 涡轮增压器与排气歧管连接的螺栓 | 32.4 |
| 21 | 燃油泵螺母 | 27.5 | | | |
| 22 | 内部正时盖 8mm 螺栓 | 10.8 | | | |

## 三、发动机零部件拆装（表 5-3～表 5-5）

表 5-3 惰轮拆卸和安装

| 序号 | 项目 | 内容 |
|---|---|---|
| 1 | 拆卸惰轮 | 拆卸附件皮带 |
| 2 | | 拆卸惰轮螺栓<br>注意:固定螺栓为左旋螺纹 |
| 3 | | 拆卸惰轮 |
| 4 | 安装惰轮 | 安装惰轮 |

| 序号 | 项目 | 内容 |
|---|---|---|
| 5 | 安装惰轮 | 安装惰轮螺栓 |
| 6 | | 紧固至22N·m |
| 7 | | 皮带张紧器<br>皮带张紧器固定螺栓<br>振动阻尼器(减振器)/曲轴皮带轮<br>振动阻尼器(减振器)/曲轴皮带轮固定螺栓<br>惰轮 |

表 5-4　正时皮带惰轮拆卸和安装

| 序号 | 项目 | 内容 |
|---|---|---|
| 1 | 拆卸正时皮带惰轮 | 断开蓄电池负极线 |
| 2 | | 拆卸发动机盖 |
| 3 | | 拆卸空气滤清器 |
| 4 | | 拆卸发动机右支架 |
| 5 | | 拆卸助力转向皮带 |
| 6 | | 拆卸曲轴皮带轮 |
| 7 | | 拆卸正时皮带外罩 |
| 8 | | 拆卸正时皮带 |
| 9 | | 拆卸正时皮带惰轮<br>凸轮轴链轮　惰轮　喷射泵链轮　正时皮带　正时皮带张紧器 |
| 10 | 安装正时皮带惰轮 | 安装正时皮带惰轮<br>紧固皮带扭矩为47.1N·m |
| 11 | | 安装正时皮带 |
| 12 | | 安装正时皮带外罩 |
| 13 | | 安装曲轴皮带轮 |

续表

| 序号 | 项目 | 内容 |
|---|---|---|
| 14 | 安装正时皮带惰轮 | 安装助力转向皮带 |
| 15 | | 安装发动机右支架 |
| 16 | | 安装空气滤清器 |
| 17 | | 安装发动机盖 |
| 18 | | 安装蓄电池负极线 |

表 5-5　正时皮带张紧器拆卸和安装

| 序号 | 项目 | 内容 |
|---|---|---|
| 1 | 拆卸正时皮带张紧器 | 断开蓄电池负极线 |
| 2 | | 拆卸发动机盖 |
| 3 | | 拆卸空气滤清器 |
| 4 | | 拆卸发动机右支架 |
| 5 | | 拆卸助力转向皮带 |
| 6 | | 拆卸曲轴皮带轮 |
| 7 | | 拆卸正时皮带外罩 |
| 8 | | 拆卸正时皮带 |
| 9 | | 松开并取下正时皮带张紧器<br>（图示：凸轮轴链轮固定螺栓、凸轮轴链轮、惰轮、正时皮带、正时皮带张紧器固定螺栓、正时皮带张紧器、张紧器对准销、喷射泵链轮、喷射泵链轮固定螺母） |
| 10 | 安装正时皮带张紧器 | 安装正时皮带张紧器和固定螺栓 |
| 11 | | 安装正时皮带 |
| 12 | | 安装正时皮带外罩 |
| 13 | | 安装曲轴皮带轮 |
| 14 | | 安装助力转向皮带 |
| 15 | | 安装发动机右支架 |
| 16 | | 安装空气滤清器 |
| 17 | | 安装发动机盖 |
| 18 | | 安装蓄电池负极线 |

续表

| 序号 | 项目 | 内容 |
|---|---|---|
| 19 | 正时皮带张紧器的调整 | 把正时皮带弹性停止器与张紧轮对准,并上紧正时皮带张紧器固定螺栓,紧固至 34.7N·m<br><br>张紧器弹性锁定装置(弹性停止器)　正时皮带张紧器　正时皮带内罩　正时皮带 |
| 20 | | 把发动机转动 2 圈,然后重新检查张紧器的对准情况。必要时,可重新对准 |

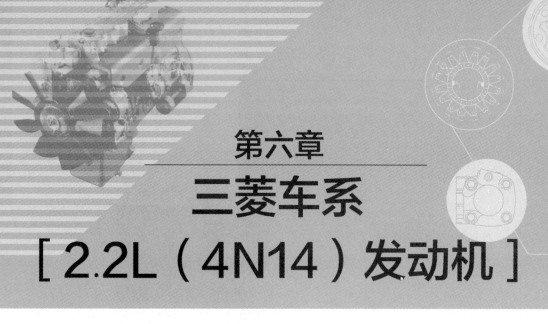

# 第六章
# 三菱车系
# ［2.2L（4N14）发动机］

## 一、机油加注

① 更换机油时含机油滤清器滤芯的加注量为 9.5L。

② 放油螺栓力矩为 39N·m。

③ 机油滤清器盖安装力矩为 25N·m。

## 二、发动机相关数据（表 6-1～表 6-3）

表 6-1 发动机常规数据

| 序号 | 项目 | 规格 | 序号 | 项目 | 规格 |
|---|---|---|---|---|---|
| 1 | 类型 | 直列式 DOHC | 5 | 冲程 | 97.6mm |
| 2 | 气缸数 | 4 个 | 6 | 容量 | 2268mL |
| 3 | 燃烧室 | 凹腔式 | 7 | 压缩比 | 14.9∶1 |
| 4 | 缸径（额定值） | 86mm | | | |

表 6-2 发动机检修数据

| 序号 | 项目 | 规格 | 限值 |
|---|---|---|---|
| 1 | 进气气门间隙 | (0.14±0.03)mm | |
| 2 | 排气气门间隙 | (0.16±0.03)mm | |
| 3 | 凸轮轴的凸轮高度 | 进气口：36.414mm<br>排气口：36.669mm | 35.914mm<br>36.169mm |
| 4 | 气缸盖底部变形 | | 0.03mm |
| 5 | 气门总长 | 进气口：121.64mm<br>排气口：112.95mm | 121.14mm<br>112.45mm |
| 6 | 气门厚度 | 进气口：1.3mm<br>排气口：1.5mm | 0.8mm<br>1.0mm |
| 7 | 气门弹簧自由高度 | 进气口：65.7mm<br>排气口：64.2mm | 65.2mm<br>63.7mm |
| 8 | 气门弹簧垂直度 | 2°或更少 | 4° |

第六章 三菱车系 [2.2L（4N14）发动机] 171

续表

| 序号 | 项目 | 规格 | 限值 |
|---|---|---|---|
| 9 | 气门导管和气门杆之间的间隙 | 进气口：0.020~0.047mm<br>排气口：0.035~0.062mm | 0.1mm<br>0.15mm |
| 10 | 气门导管压入高度 | 17.1~17.7mm | |
| 11 | 气门座触点宽度 | 1.1~1.5mm | |
| 12 | 活塞环与活塞环槽之间的间隙 | 1号：0.08~0.12mm<br>2号：0.08~0.12mm<br>3号：0.02~0.06mm | 0.15mm<br>0.15mm<br>0.10mm |
| 13 | 活塞环端隙 | 1号：0.20~0.30mm<br>2号：0.20~0.35mm<br>3号：0.25~0.45mm | 0.8mm<br>0.8mm<br>0.8mm |
| 14 | 连杆大头侧间隙 | 0.10~0.25mm | 0.4mm |
| 15 | 连杆螺栓的外径差 | | 0.1mm |
| 16 | 连杆轴承油隙 | 0.026~0.053mm | 0.1mm |
| 17 | 曲轴轴承盖螺栓外径差 | | 0.15mm |
| 18 | 曲轴轴向间隙 | 0.05~0.25mm | 0.3mm |
| 19 | 曲轴轴颈油隙 | 0.029~0.047mm | 0.1mm |
| 20 | 气缸体上表面变形 | | 0.05mm |
| 21 | 气缸体缸径 | 86mm | |
| 22 | 气缸体圆柱度 | 小于或等于0.0076mm | |

表 6-3 发动机螺栓力矩

| 序号 | 项目 | 规格 |
|---|---|---|
| 1 | 油位计导向螺栓 | (11±3)N·m |
| 2 | 交流发电机支架螺栓 | (27±6)N·m |
| 3 | 交流发电机螺母 | (47±11)N·m |
| 4 | 交流发电机螺栓 | (55±13)N·m |
| 5 | 自动张紧器螺栓 | (27±6)N·m |
| 6 | 水泵皮带轮螺栓 | (11±3)N·m |
| 7 | 曲轴皮带轮中央螺栓 | 250N·m，完全松开，110N·m，然后+60° |
| 8 | 排气门差速器压力传感器螺栓 | (4.5±1.5)N·m |
| 9 | 真空管和软管螺栓 | (11±3)N·m |
| 10 | 进气歧管绝对压力(MAP)传感器螺钉 | (6.0±1.0)N·m |
| 11 | 支架螺栓 | (11±3)N·m |
| 12 | 线束支架总成螺栓 | (26±6)N·m |
| 13 | 支架螺栓 | (26±6)N·m |
| 14 | 真空泵螺栓 | (26±6)N·m |
| 15 | 真空管螺栓 | (11±3)N·m |
| 16 | 输油管螺栓(法兰螺栓) | (14±3)N·m |
| 17 | 输油管螺栓(眼螺栓) | (17±2)N·m |
| 18 | 输油泵管 A、B 螺栓(法兰螺栓) | (11±3)N·m |

续表

| 序号 | 项目 | 规格 |
|---|---|---|
| 19 | 输油泵管 A、B 螺栓(扩口螺母) | (18±2)N·m,然后(35±5)N·m |
| 20 | 回油管螺栓(法兰螺栓) | (11±3)N·m |
| 21 | 回油管螺栓(眼螺栓) | (20±2)N·m |
| 22 | 第1～4号燃油喷射管扩口螺母 | (18±2)N·m,然后(35±5)N·m |
| 23 | 共轨总成螺栓 | (25±7)N·m |
| 24 | 喷油器支架螺栓 | 前:(1.1±0.1)N·m。后:(+180°±1°)。然后前:(+90°±1°) |
| 25 | 吸气控制阀 | (8.9±1.9)N·m |
| 26 | 输油泵总成螺栓 | (25±7)N·m |
| 27 | 线束支架 | (26±6)N·m |
| 28 | 交流发电机上支架螺栓 | (27±6)N·m |
| 29 | E-VRV 总成螺栓 | (11±3)N·m |
| 30 | EGR 温度传感器 | (20±4)N·m |
| 31 | 电磁阀螺钉 | (11±3)N·m |
| 32 | 节气门体螺栓 | (11±3)N·m |
| 33 | EGR 管路 B 螺栓 | (20±2)N·m |
| 34 | 进气歧管螺栓和螺母 | (20±2)N·m |
| 35 | EGR 管路 A 螺栓 | (20±2)N·m |
| 36 | EGR 阀螺栓 | (20±2)N·m |
| 37 | 预热塞 | (18±2)N·m |
| 38 | 压力管总成 | (11±3)N·m |
| 39 | 涡轮增压器罩螺栓 | (11±4)N·m |
| 40 | 输油管螺栓(法兰螺栓) | (9.5±2.5)N·m |
| 41 | 输油管螺栓(眼螺栓) | (15±2)N·m |
| 42 | 涡轮增压器支架螺栓(气缸盖侧) | (23±6)N·m |
| 43 | 涡轮增压器支架螺母(涡轮增压器侧) | (59±5)N·m |
| 44 | 涡轮增压器支撑螺栓(气缸体侧) | (47±11)N·m |
| 45 | 涡轮增压器支撑螺母(涡轮增压器侧) | (24±5)N·m |
| 46 | 回油管螺栓 | (9.5±2.5)N·m |
| 47 | 涡轮增压器螺栓和螺母 | (59±5)N·m |
| 48 | 排气歧管盖上/下螺栓 | (11±4)N·m |
| 49 | 排气歧管螺栓和螺母 | (62±5)N·m |
| 50 | 水管螺栓 | (11±3)N·m |
| 51 | 冷却液温度传感器 | (30±9)N·m |
| 52 | 散热器下管螺栓 | (14±3)N·m |
| 53 | 进水口管接头螺栓 | (10±2)N·m |
| 54 | 节温器外壳螺栓 | (23±6)N·m |

续表

| 序号 | 项目 | 规格 |
| --- | --- | --- |
| 55 | 水泵螺栓 | (24±3)N·m |
| 56 | 进水口管螺母 | (28±4)N·m |
| 57 | 出水口管接头螺栓 | (26±6)N·m |
| 58 | 离合器开关(M/T) | (19±3)N·m |
| 59 | 油压开关(A/T) | (13±5)N·m |
| 60 | 机油冷却器螺栓 | (23±6)N·m |
| 61 | EGR 冷却器总成螺母 | (15±2)N·m |
| 62 | 机油冷却器接头螺栓(M/T) | (28±4)N·m |
| 63 | 机油冷却器支架螺栓(A/T) | (23±6)N·m |
| 64 | EGR 水管螺栓 | (14±3)N·m |
| 65 | 旁流管接头螺栓 | (26±6)N·m |
| 66 | 凸轮轴位置传感器螺栓 | (9.5±2.5)N·m |
| 67 | 曲轴角度传感器螺栓 | (9.5±2.5)N·m |
| 68 | 放油塞 | (39±5)N·m |
| 69 | 气门室盖螺栓 | (3.0±1.0)N·m,然后(5.5±0.5)N·m |
| 70 | 飞轮螺栓 | (40±2)N·m,然后(+30°±2°) |
| 71 | 驱动盘螺栓 | 40N·m,然后130N·m |
| 72 | 钟形外壳罩螺栓 | (11±3)N·m |
| 73 | 油底壳螺栓 | (11±3)N·m |
| 74 | 滤油网螺栓 | (18±2)N·m |
| 75 | 发动机支架螺栓 | (53±5)N·m |
| 76 | 正时链条室螺栓 | (11±3)N·m |
| 77 | 正时链条张紧器螺栓 | (11±3)N·m |
| 78 | 张紧器拉杆螺栓 | (23±)6N·m |
| 79 | 正时链导向螺栓 | (11±3)N·m |
| 80 | 平衡轴驱动外壳和齿轮螺栓 | (10±2)N·m |
| 81 | 平衡器单元螺栓 | 20N·m,然后+60° |
| 82 | 右 A/B 凸轮轴轴承盖螺栓 | (11±1)N·m |
| 83 | 左凸轮轴轴承盖螺栓 | (11±1)N·m |
| 84 | 前凸轮轴轴承盖螺栓 | (24±2)N·m |
| 85 | 后凸轮轴轴承盖螺栓(M6) | (11±1)N·m |
| 86 | 后凸轮轴轴承盖螺栓(M8) | (24±2)N·m |
| 87 | 摇臂和轴总成螺栓 | (31±3)N·m |
| 88 | 枢轴螺栓 | (18±2)N·m |
| 89 | 气缸盖螺栓 | (50±2N·m,+90°,+90°,完全松开,(50±2)N·m,+90°,+90°,然后+90° |
| 90 | 曲轴轴承盖螺栓(M8) | (26±6)N·m |

续表

| 序号 | 项目 | 规格 |
|---|---|---|
| 91 | 曲轴轴承盖螺栓(M10) | (65±2)N·m,然后+120°,到+125° |
| 92 | 曲轴传感环螺栓 | (11±1)N·m |
| 93 | 止回阀 | (32±2)N·m |

## 三、发动机零部件拆装（表 6-4~表 6-6）

表 6-4　凸轮轴拆卸和安装

| 序号 | 项目 | 内容 |
|---|---|---|
| 1 | 拆卸凸轮轴 | 拆卸进油管 |
| 2 | | 拆卸右 A 凸轮轴轴承盖 |
| 3 | | 拆卸右 B 凸轮轴轴承盖 |
| 4 | | 拆卸左凸轮轴轴承盖 |
| 5 | | 拆卸前凸轮轴轴承盖 |
| 6 | | 拆卸进气门凸轮轴 |
| 7 | | 拆卸正时链 |
| 8 | | 拆卸排气门凸轮轴 |
| 9 | | 拆卸联轴节 |
| 10 | | 拆卸摇臂和轴总成 |
| 11 | | 拆卸调整螺钉 |
| 12 | | 拆卸进气摇臂 |
| 13 | | 拆卸进气摇臂轴 |
| 14 | | 拆卸排气摇臂总成 |
| 15 | | 拆卸枢轴螺栓 |
| 16 | | 注意:同时松开凸轮轴轴承盖的安装螺栓会导致产生气门弹簧力,这会使安装螺栓弹出,从而损坏螺纹。逐渐地松开它们四次或五次,而不是一次 |
| 17 | 安装凸轮轴 | 安装与拆卸顺序相反 |
| 18 | | 注意:在排气门凸轮轴末端对整个耦合接头抹油,以便在切口部分安装耦合接头 |
| 19 | | 安装排气门凸轮轴 |

续表

| 序号 | 项目 | 内容 |
|---|---|---|
| 20 | 安装凸轮轴 | 使正时链链接板和排气门凸轮轴的正时标识对齐以闭合正时链凸轮轴齿轮正时标记 |
| 21 | | 安装进气门凸轮轴,使每个凸轮轴齿轮上的正时标识对齐 |

表 6-5 曲轴拆卸和安装

| 序号 | 项目 | 内容 |
|---|---|---|
| 1 | 拆卸曲轴 | 拆卸曲轴轴承盖螺栓(M8) |
| 2 | | 拆卸曲轴轴承盖螺栓(M10) |
| 3 | | 拆卸下曲轴箱 |
| 4 | | 拆卸曲轴下轴瓦 |
| 5 | | 拆卸曲轴 |
| 6 | | 拆卸曲轴键 |
| 7 | | 拆卸曲轴上轴瓦 |
| 8 | | 拆卸止推轴承 |
| 9 | | 拆卸曲轴感测环 |
| 10 | | 拆卸止回阀 |
| 11 | | 拆卸机油喷嘴 |
| 12 | | 安装与拆卸顺序相反 |
| 13 | 安装曲轴 | 止推轴承的安装:将止推轴承安装到气缸体侧的 3 号轴承上。涂抹机油会使安装易于进行 |

续表

| 序号 | 项目 | 内容 |
|---|---|---|
| 14 | 安装曲轴 | 安装止推轴承,使带槽侧位于曲轴配重块侧 |
| 15 | | 更换曲轴上轴瓦时,选择与气缸体尺寸相符的轴承 |
| 16 | | 按照拧紧顺序,将轴承盖螺栓(M8)拧紧至(26±6)N·m的规定力矩 |

表 6-6 进气歧管拆卸和安装

| 序号 | 项目 | 内容 |
|---|---|---|
| 1 | 拆卸进气歧管 | 拆卸线束支架 |
| 2 | | 拆卸交流发电机支架上部 |
| 3 | | 拆卸EGR温度传感器 |
| 4 | | 拆卸真空软管 |
| 5 | | 拆卸电磁阀 |
| 6 | | 拆卸节气门体 |
| 7 | | 拆卸EGR管 |
| 8 | | 拆卸进歧管 |
| 9 | | 拆卸进气歧管垫圈 |
| 10 | | 拆卸EGR气门 |
| 11 | | 拆卸预热塞 |
| 12 | 安装进气歧管 | 安装与拆卸顺序相反 |

# 第七章
# 江铃车系
# ［2.4L（JX4D24D4L）发动机］

## 一、机油加注

① 更换机油时含机油滤清器滤芯的加注量为6.9L。
② 放油螺栓力矩为40N·m。
③ 机油滤清器盖安装力矩为23N·m。

## 二、更换机油机滤和发动机相关数据（表7-1～表7-8）

表7-1 更换机油机滤

| 序号 | 项目 | 内容 |
|---|---|---|
| 1 | | 举升车辆 |
| 2 | | 拆卸发动机下护板 |
| 3 | | 将机油收集器置于油底壳放油螺栓下方 |
| 4 | 排空机油 | 拆卸油底壳放油螺栓,排放发动机机油 |
| 5 | | 检查油底壳放油螺塞,必要时更换放油螺栓和密封圈 |
| 6 | | 拆卸机油滤清器 |

续表

| 序号 | 项目 | 内容 |
|---|---|---|
| 7 | 安装机油滤清器及加注机油 | 用清洁的机油稍微润滑新的机油滤芯 |
| 8 | | 安装机油滤清器至23N·m |
| 9 | | 安装油底壳放油螺塞至40N·m |
| 10 | | 取出机油收集器 |
| 11 | | 安装发动机下护板 |
| 12 | | 降下车辆 |
| 13 | | 添加机油至规定值 |

**表7-2 发动机常规数据**

| 序号 | 项目 | 规格 |
|---|---|---|
| 1 | 型号 | JX4D24D4L |
| 2 | 气缸数 | 4个 |
| 3 | 缸径 | 89.9mm |
| 4 | 行程 | 94.6mm |
| 5 | 气缸工作容积 | 2402mL |
| 6 | 压缩比 | 17.5:1 |
| 7 | 最大功率/转速 | 103kW/3600r/min |
| 8 | 最大功率点排气背压 | 30kPa |
| 9 | 最大扭矩/转速 | 375N·m/1600~2000r/min |
| 10 | 怠速转速 | (800±25)r/min |
| 11 | 最大空载转速 | (4500±50)r/min |
| 12 | 外特性最低燃油消耗率 | 210g/(kW·h) |
| 13 | 低速扭矩 | 240N·m(1200r/min) |
| 14 | 配气机构 | 4气门、DOHC双顶置凸轮轴(DOHC)、液压间隙调节器 |
| 15 | 点火顺序 | 1-3-4-2 |
| 16 | 最大气缸压力 | 135bar(1bar=$10^5$Pa) |

**表7-3 发动机检查数据**

| 序号 | 项目 | 规格 |
|---|---|---|
| 1 | 气缸压缩压力 | 20bar |
| 2 | 每个气缸之间的差异 | ≤0.5bar |
| 3 | 进气压力损失 | ≤5kPa |
| 4 | 排气压力损失 | -30~+20kPa |
| 5 | 燃油轨道压力 | 1400~1600bar |
| 6 | 机油压力 | 怠速(800r/min)时≥100kPa;<br>中转速(2200r/min)时≥250kPa;<br>高转速(3600r/min)时≥300kPa |
| 7 | 机油温度 | ≤135℃(一般使用环境) |
| 8 | 冷却液温度 | 85~105℃ |

注：1bar=$10^5$Pa。

表 7-4　发动机部件数据

| 序号 | 项目 | 规格/mm | 序号 | 项目 | 规格/mm |
|---|---|---|---|---|---|
| 1 | 缸径(1级) | 89.900~89.910 | 20 | 上压缩环 | 0.25~0.40 |
| 2 | 缸径(2级) | 89.910~89.920 | 21 | 下压缩环 | 0.50~0.75 |
| 3 | 缸径(3级) | 89.920~89.930 | 22 | 油环 | 0.25~0.50 |
| 4 | 曲轴瓦 1~4 内径(安装的轴瓦) | 65.003~65.030 | 23 | 大头直径 | 55.096~56.015 |
|  |  |  | 24 | 小头直径 | 30.010~30.018 |
| 5 | 曲轴瓦 5 内径(安装的轴瓦) | 70.004~70.033 | 25 | 连杆轴瓦内径(安装的轴瓦) | 53.017~53.043 |
| 6 | 曲轴瓦 1~4 径向间隙 | 0.005~0.051 | 26 | 连杆轴瓦径向间隙 | 0.034~0.100 |
| 7 | 曲轴瓦 5 径向间隙 | 0.004~0.054 | 27 | 连杆轴瓦轴向间隙 | 0.100~0.320 |
| 8 | 曲轴瓦 1~4 外径(垂直测量) | 69.504~64.520 | 28 | 活塞销长度 | 70.95 |
|  |  |  | 29 | 活塞销直径 | 32.000 |
| 9 | 曲轴瓦 5 外径(垂直测量) | 74.504~74.520 | 30 | 活塞销滑动间隙 | 0.008~0.018 |
|  |  |  | 31 | 凸轮轴轴向跳动 | 0.014~0.200 |
| 10 | 曲轴瓦 1~4 外径(水平测量) | 69.502~69.525 | 32 | 凸轮轴轴承轴颈直径 | 26.450 |
|  |  |  | 33 | 凸轮轴轴承间隙(径向测量) | 0.065 |
| 11 | 曲轴瓦 5 外径(水平测量) | 74.502~74.525 | 34 | 气门杆至气门导管间隙(进气门) | 0.045 |
| 12 | 曲轴瓦轴径向跳动 | 0.090~0.305 | 35 | 气门杆至气门导管间隙(排气门) | 0.055 |
| 13 | 曲轴轴颈 1~4 直径 | 64.950~64.970 |  |  |  |
| 14 | 曲轴轴颈 5 直径 | 69.950~69.970 |  |  |  |
| 15 | 连杆轴瓦轴颈直径 | 52.980~53.000 | 36 | 接触面峰谷高度 | 0.02 |
| 16 | 活塞直径(1级) | 89.84~89.85 | 37 | 活塞凸出 0.310~0.400 | 1.1(1个孔) |
| 17 | 活塞直径(2级) | 89.85~89.86 | 38 | 活塞凸出 0.401~0.450 | 1.15(2个孔) |
| 18 | 活塞直径(3级) | 89.86~89.87 | 39 | 活塞凸出 0.451~0.500 | 1.2(3个孔) |
| 19 | 活塞环开口间隙 | 0.05~0.07 |  |  |  |

表 7-5　发动机螺栓力矩

| 序号 | 项目 | 规格 | 序号 | 项目 | 规格 |
|---|---|---|---|---|---|
| 1 | 连杆螺母 | 第一级:30N·m<br>第二级:54°~110°<br>第三级:52~90N·m | 3 | 气缸盖螺栓(M10) | 第一级:20N·m<br>第二级:40N·m<br>第三级:160°<br>第四级:50~147N·m |
| 2 | 主轴承螺栓 | 第一级:45N·m<br>第二级:80N·m<br>第三级:18°~80°<br>第四级:99~205N·m | 4 | 气缸盖螺栓(M8) | 第一级:10N·m<br>第二级:20N·m<br>第三级:180°<br>第四级:30~60N·m |

续表

| 序号 | 项目 | 规格 | 序号 | 项目 | 规格 |
| --- | --- | --- | --- | --- | --- |
| 5 | 挠性盘螺栓 | 第一级:40N·m<br>第二级:35°~112°<br>第三级:100~200N·m | 30 | 排气歧管隔热板固定螺栓 | 20N·m |
| 6 | 曲轴减振皮带轮螺栓 | 第一级:40N·m<br>第二级:120° | 31 | 涡轮增压器进油管空心螺栓 | 27N·m |
| 7 | 摇臂螺栓 | 29N·m | 32 | 进气歧管与涡轮增压器连接螺栓和螺母 | 45N·m |
| 8 | 喷油器压块螺栓 | 第一级:10N·m<br>第二级:120°<br>第三级:20~40N·m | 33 | 排气歧管与涡轮增压器连接螺栓和螺母 | 9.5N·m |
| 9 | 自动变速器与发动机连接螺栓 | 40N·m | 34 | 涡轮增压器回油管与发动机连接螺栓 | 23N·m |
| 10 | 变矩器与发动机挠性盘连接螺栓 | 58N·m | 35 | 涡轮增压器支撑臂固定螺栓 | 20N·m |
| 11 | 缸体裙架螺栓 | 23N·m | 36 | 涡轮增压器进气弯管固定螺栓 | 23N·m |
| 12 | 活塞冷却喷射管固定螺栓 | 10N·m | 37 | 涡轮增压器排气弯管固定螺栓 | 25N·m |
| 13 | 凸轮摇臂室座螺栓(M8) | 23N·m | 38 | 水泵螺栓 | 23N·m |
| 14 | 凸轮摇臂室座螺栓(M6) | 10N·m | 39 | 冷却进水管固定螺栓 | 10N·m |
| 15 | 凸轮摇臂室盖螺栓(M6) | 10N·m | 40 | 缸盖冷却出水管螺栓 | 23N·m |
| 16 | 凸轮轴链轮螺栓 | 33N·m | 41 | 节温器壳及总成螺栓 | 23N·m |
| 17 | 高压油泵链轮毂螺母(M14) | 70N·m | 42 | 真空泵螺栓 | 23N·m |
| 18 | 高压油泵链轮螺栓 | 33N·m | 43 | 机油泵螺栓 | 10N·m |
| 19 | 曲轴正时链轮螺栓 | 36N·m | 44 | 机油泵进油管螺栓 | 10N·m |
| 20 | 曲轴前油封(专用工具) | 19N·m | 45 | 油底壳螺栓/螺母 | 第一级:7N·m<br>第二级:14N·m |
| 21 | 曲轴后油封螺栓 | 10N·m | 46 | 机油底壳放油螺栓 | 40N·m |
| 22 | 链条导向板螺栓(M8) | 36N·m | 47 | 机油滤清器 | 23N·m |
| 23 | 链条导向板螺栓(M6) | 15N·m | 48 | 高压共轨管固定螺栓 | 25N·m |
| | | | 49 | 高压油泵螺栓 | 23N·m |
| 24 | 链条张紧器螺栓 | 14N·m | 50 | 高压油管管口螺母(M14) | 35N·m |
| 25 | 链轮室前盖螺栓 | 14N·m | 51 | 高压油管管口螺母(M12) | 27N·m |
| 26 | 链轮室前盖螺母 | 10N·m | 52 | 发电机支架螺栓 | 30N·m |
| 27 | 惰轮螺栓 | 48N·m | 53 | EGR冷却器螺栓/螺母 | 23N·m |
| 28 | 排气歧管螺栓 | 40N·m | 54 | EGR螺栓 | 10N·m |
| | | | 55 | 进气歧管螺栓 | 16N·m |
| | | | 56 | 进气接管螺栓 | 10N·m |
| 29 | 排气歧管螺母 | 40N·m | 57 | 机油压力报警开关 | 15N·m |

续表

| 序号 | 项目 | 规格 | 序号 | 项目 | 规格 |
|---|---|---|---|---|---|
| 58 | 曲轴位置传感器螺栓 | 10N·m | 65 | 张紧轮螺栓 | 48N·m |
| 59 | 进气压力温度传感器 | 10N·m | 66 | 发电机螺栓 | 48N·m |
| 60 | 冷却液温度传感器 | 35N·m | 67 | 起动机螺栓 | 35N·m |
| 61 | 凸轮轴位置传感器螺栓 | 10N·m | 68 | 发动机前悬置支撑与发动机连接螺栓 | 62.5N·m |
| 62 | 电热塞 | 13N·m | 69 | 发动机前悬置支撑与悬置软垫螺母 | 70N·m |
| 63 | 电热塞连接板螺栓 | 10N·m | | | |
| 64 | 电热塞接线固定螺母 | 3N·m | | | |

表 7-6  发动机气缸盖分解

| 序号 | 项目（对应气缸盖分解图） | 说明 | 序号 | 项目（对应气缸盖分解图） | 说明 |
|---|---|---|---|---|---|
| 1 | 1 | 曲轴箱通风管 | 13 | 13 | 排气门座 |
| 2 | 2 | 机油加油口盖 | 14 | 14 | 排气门 |
| 3 | 3 | 气缸盖罩 | 15 | 15 | 进气门 |
| 4 | 4 | 凸轮轴盖 | 16 | 16 | 进气门座 |
| 5 | 5 | 凸轮轴位置传感器固定螺栓 | 17 | 17 | 定位销 |
| 6 | 6 | 凸轮轴位置传感器 | 18 | 18 | 发动机前吊钩 |
| 7 | 7 | 气缸盖固定螺栓 | 19 | 19 | 气门导管 |
| 8 | 8 | 凸轮盖固定螺栓 | 20 | 20 | 气门油封 |
| 9 | 9 | 气缸盖 | 21 | 21 | 气门弹簧 |
| 10 | 10 | 发动机吊钩螺栓 | 22 | 22 | 气门弹簧座 |
| 11 | 11 | 发动机后吊钩 | 23 | 23 | 气门锁片 |
| 12 | 12 | 气缸垫 | | | |
| 24 | 气缸盖分解图 | | | | |

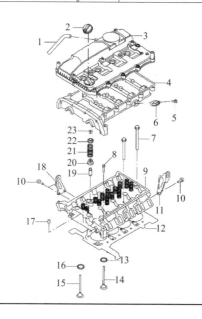

表 7-7 发动机曲轴及挠性盘装置分解

| 序号 | 项目(对应曲轴及挠性盘装置分解图) | 说明 | 序号 | 项目(对应曲轴及挠性盘装置分解图) | 说明 |
|---|---|---|---|---|---|
| 1 | 1 | 曲轴链轮固定螺栓 | 9 | 9 | 曲轴后油封固定螺栓 |
| 2 | 2 | 曲轴链轮 | 10 | 10 | 挠性盘固定螺栓 |
| 3 | 3 | 曲轴前油封 | 11 | 11 | 挠性盘合件 |
| 4 | 4 | 闷塞 | 12 | 12 | 挠性盘与变矩器连接螺栓 |
| 5 | 5 | 上主轴瓦 | 13 | 13 | 飞轮定位销 |
| 6 | 6 | 带止推片的主轴瓦 | 14 | 14 | 轴套 |
| 7 | 7 | 曲轴 | 15 | 15 | 下主轴瓦 |
| 8 | 8 | 曲轴后油封 | | | |
| 16 | 曲轴及挠性盘装置分解图 | | | | |

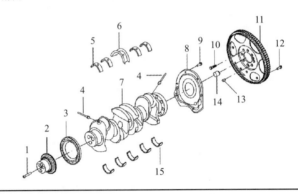

表 7-8 发动机活塞连杆分解

| 序号 | 项目(对应活塞连杆分解图) | 说明 | 序号 | 项目(对应活塞连杆分解图) | 说明 |
|---|---|---|---|---|---|
| 1 | 1 | 活塞销卡环 | 5 | 5 | 活塞连杆 |
| 2 | 2 | 活塞销 | 6 | 6 | 连杆轴瓦组件 |
| 3 | 3 | 活塞环 | 7 | 7 | 活塞连杆瓦盖 |
| 4 | 4 | 活塞 | 8 | 8 | 连杆螺栓 |
| 9 | 活塞连杆分解图 | | | | |

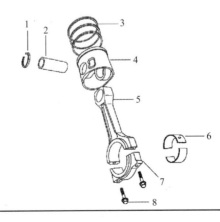

# 第八章 大众车系

## 第一节 1.6L(CAYC)发动机

### 一、机油加注

① 更换机油时含机油滤清器滤芯的加注量为4.3L。
② 放油螺栓力矩为30N·m。
③ 机油滤清器盖安装力矩为25N·m。

### 二、发动机常规数据（表8-1）

表8-1 发动机常规数据

| 序号 | 项目 | 规格 | 序号 | 项目 | 规格 |
|---|---|---|---|---|---|
| 1 | 曲轴皮带轮螺栓 | 10N·m+90° | 10 | 气缸盖螺栓 | 第一级:35N·m<br>第二级:60N·m<br>第三级:拧紧90°<br>第四级:继续拧紧90° |
| 2 | 发电机螺栓 | 25N·m | | | |
| 3 | 油底壳螺栓 | 15N·m | | | |
| 4 | 机油滤清器支架螺栓 | 14N·m+180° | 11 | 放油螺栓 | 30N·m |
| 5 | 飞轮螺栓 | 60N·m+90° | 12 | 机油滤清器盖 | 25N·m |
| 6 | 连杆轴承盖螺栓 | 30N·m+90° | 13 | 机油泵螺栓 | 17N·m |
| 7 | 曲轴轴承盖螺栓 | 65N·m+90° | 14 | 前密封法兰 | 15N·m |
| 8 | 气缸盖罩螺栓 | 10N·m | 15 | 正时张紧轮螺栓 | 20N·m+45° |
| 9 | 油轨元件螺栓 | 22N·m | 16 | 凸轮轴正时齿轮螺栓 | 25N·m |

### 三、发动机零部件拆装（表8-2~表8-4）

表8-2 曲轴皮带轮拆卸和安装

| 序号 | 项目 | 内容 |
|---|---|---|
| 1 | 拆卸曲轴皮带轮 | 拆下多楔带 |
| 2 | | 拆下振荡阻尼装置的顶盖 |

续表

| 序号 | 项目 | 内容 |
|---|---|---|
| 3 | 拆卸曲轴皮带轮 | 松开曲轴皮带轮的螺栓(箭头),用环形扳手固定住曲轴齿轮皮带轮的螺栓 |
| 4 | | 拧出螺栓并取下曲轴皮带轮 |
| 5 | | 安装曲轴皮带轮 |
| 6 | 安装曲轴皮带轮 | 安装固定螺栓并紧固<br>只能在一个位置上安装;减振器的孔必须位于正时皮带轮凸起部位之上(箭头) |

表 8-3　气缸盖罩拆卸和安装

| 序号 | 项目 | 内容 |
|---|---|---|
| 1 | | 拆卸发动机罩 |
| 2 | | 取下喷油嘴上的隔音垫 |
| 3 | | 拆下多楔带 |
| 4 | 拆卸气缸盖罩 | 装上钳子 3314,将钳子槽(箭头 A)放在支承套(箭头 B)的凸肩上 |
| 5 | | 小心地(沿箭头方向)从预热塞上拔下插头 |

续表

| 序号 | 项目 | 内容 |
|---|---|---|
| 6 | | 从废气涡轮增压器上拔下增压器压力调节器的位置传感器G581(箭头)的插头连接，并从固定支架中穿出管路 |
| 7 | | 松开固定螺栓(箭头)，并将冷水回流管放置一边 |
| 8 | 拆卸气缸盖罩 | 拧出螺栓(箭头和1) |
| 9 | | 将高压泵1和高压器2之间的高压管拆下 |
| 10 | | 打开卡箍(箭头)，并拔下连接增压空气管的软管 |

续表

| 序号 | 项目 | 内容 |
|---|---|---|
| 11 | 拆卸气缸盖罩 | 旋出螺栓（箭头） |
| 12 | | 拔下燃油压力调节阀 N276（箭头）上的插头连接从油轨上取下电缆套管，并将其放到一边 |
| 13 | | 将燃料压力传感器 G247（A）上的连接头拆下 |
| 14 | | 拆下多楔带传送带 |
| 15 | | 拔下气缸盖罩上的真空管 |
| 16 | | 从气缸盖罩上的支架中取出其余的真空管 |
| 17 | | 拆下现有的电导线 |
| 18 | | 拆下上部齿形皮带护罩 |
| 19 | | 拆下气缸盖罩和进气软管之间的排气管，为此按压快速紧固件 |
| 20 | | 拧出紧固螺栓 |
| 21 | | 拆下气缸盖罩 |
| 22 | | 将气缸头罩与齿状皮带保护装置后面定位横挡松开 |

续表

| 序号 | 项目 | 内容 |
|---|---|---|
| 23 | 安装气缸盖罩 | 按 1~6 的顺序用 10N·m 的力矩拧紧螺栓<br>注意：气缸盖罩与齿形皮带护罩正确地卡住 |
| 24 | | 必要时用一把螺丝刀将卡箍（箭头）范围内的齿形皮带护罩压向气缸盖罩，直至听见其卡入的声音 |
| 25 | | 检查轮毂和齿形皮带护罩之间的空隙 |
| 26 | | 继续安装其余附件 |

表 8-4  气缸盖拆卸和安装

| 序号 | 项目 | 内容 |
|---|---|---|
| 1 | 拆卸气缸盖 | 拆卸隔音垫和防钻保护装置 |
| 2 | | 将真空管路 2 从真空泵 1 上拔下 |
| 3 | | 拆卸附件 |
| 4 | | 拆卸气缸盖罩 |
| 5 | | 松开真空管（箭头） |
| 6 | | 拔下真空管路 2<br>将膨胀罐 1 置于一侧 |

续表

| 序号 | 项目 | 内容 |
| --- | --- | --- |
| 7 | | 将电气插头连接从机油压力开关 F1 上脱开 |
| 8 | | 将电气插头连接从冷却液温度传感器 G62 上脱开 |
| 9 | | 从支架(箭头)中脱出发动机预设电缆 |
| 10 | | 将插头连接从进气歧管翻板电动机 V157 上脱开 |
| 11 | | 将膨胀罐置于一侧 |
| 12 | | 拔下节气门控制单元 J338 的插头连接 |
| 13 | | 打开卡箍,并拔出增压空气管 |
| 14 | | 从机油尺连接处拧出螺栓 |
| 15 | | 将电线盒充气管上的软管放置到左侧 |
| 16 | | 松开软管夹并取下脉冲缓冲器 |
| 17 | 拆卸气缸盖 | 小心地将充气管压到极限位置 |
| 18 | | 拆卸微尘滤清器和废气涡轮增压器之间的紧固卡箍 |
| 19 | | 旋出螺栓 1 |
| 20 | | 旋出螺母 1 和 2 |

续表

| 序号 | 项目 | 内容 |
|---|---|---|
| 21 | | 将机油前向流管的固定夹固定螺栓(箭头)放到排气涡轮的支架上,拧出螺栓(箭头) |
| 22 | | 拆下连接废气再循环冷却器的连接管 A |
| 23 | | 排出冷却液 |
| 24 | | 松开软管卡箍,拆下冷却液加注罐的冷却液软管 |
| 25 | 拆卸气缸盖 | 脱开氧传感器 G40 的电气插头连接 |
| 26 | | 拧下齿形皮带张紧轮的紧固螺母 |
| 27 | | 注意:当发动机用卡位设备 10-222A 固定好位置时,才能拆动力总成支架<br>当拆完动力总成支架时,发动机支架才能拆开 |
| 28 | | 拆卸发动机支座 |
| 29 | | 安装发动机支座 |
| 30 | | 齿形皮带保护装置的固定螺栓(箭头)从后面拧开 |
| 31 | | 从凸轮轴和高压泵中取下齿形皮带然后拆下机油泵 |
| 32 | | 用手将发动机支架与原有螺栓固定安装 |
| 33 | | 将支撑工具 10-222A 拆下 |
| 34 | | 从轮毂上取下凸轮轴正时齿轮 |
| 35 | | 拆下凸轮轴的齿形皮带轮,用起拨器 T10052 将凸轮轴的轮毂拔下 |

续表

| 序号 | 项目 | 内容 |
|---|---|---|
| 36 | | 用固定支架 T10051 固定住轮毂,然后松开轮毂的紧固螺栓 1 将轮毂的紧固螺栓旋出约 2 圈 |
| 37 | | 装上起拔工具 T10052,将其对准轮毂的孔拧紧紧固螺栓 1<br>通过均匀地拧紧起拔工具 2,使轮毂处于受力状态,直至轮毂从凸轮轴的锥体上松开 |
| 38 | 拆卸气缸盖 | 注意:同时用一把扳手(SW30)固定住起拔工具 |
| 39 | | 将轮毂从凸轮轴的锥体上取下 |
| 40 | | 高尔夫、高尔夫 Plus、帕萨特、途安齿形皮带保护装置的固定螺栓(箭头)从后面拧开 |
| 41 | | 在松开气缸盖螺栓时遵守松开顺序 |
| 42 | | 注意:在取出气缸盖时,需要另一名技师帮忙在撬出气缸盖时,从齿形皮带张紧轮上拔下双头螺栓 |
| 43 | | 首先,从变速箱侧抬起气缸盖,然后将其从齿形皮带护罩中穿出<br>注意:齿形皮带张紧轮不要掉落 |

| 序号 | 项目 | 内容 |
| --- | --- | --- |
| 44 | 安装气缸盖 | 注意：<br>①每次都要更换气缸盖螺栓<br>②维修气缸盖和气缸体时，仔细去除残余的密封剂。不要产生长的划伤或刮痕。使用砂纸时粒度不允许低于100目<br>③仔细去除润滑油渣和磨削碎屑<br>④即将安装前才可以打开包装，取出新的气缸盖密封件<br>⑤要非常小心地处理密封件。硅涂层或凸缘区域的损坏会导致泄漏，应非常小心，需要一名安装工人辅助<br>⑥将气缸头穿入齿形皮带<br>⑦气缸盖不可摩擦定位套 A |
| 45 | | 在装上气缸盖前，取下曲轴止推片 T10050，并沿发动机旋转方向的反方向回转曲轴，直至所有活塞几乎均匀地位于上止点下方 |
| 46 | | 拧下霍尔传感器 G40（箭头）的螺栓 |
| 47 | | 注意气缸盖密封件的标记：1—零件号；2—孔；3—无需注意 |

续表

| 序号 | 项目 | 内容 |
|---|---|---|
| 48 | | 装上气缸盖密封件,而且标记朝上 |
| 49 | | 在定心时,将导向销3070/9拧入进气侧的外孔中 |
| 50 | | 装上气缸盖 |
| 51 | | 装入8个气缸盖螺栓并用手拧紧至限位位置 |
| 52 | | 通过气缸盖螺栓孔拧出导向销(3070/9)用手拧入最后一个气缸盖螺栓孔至限位位置 |
| 53 | 安装气缸盖 | 按图示的拧紧顺序如下所述分四步拧紧气缸盖:<br>(1)用扭矩扳手预紧<br>第1步:35N·m<br>第2步:60N·m<br>(2)用固定扳手继续旋转<br>第3步:90°<br>第4步:90° |
| 54 | | 拧下霍尔传感器G40的螺栓 |
| 55 | | 安装轮毂和凸轮轴正时齿轮 |
| 56 | | 用柴油喷射泵定位销3359锁定凸轮轴和高压泵 |
| 57 | | 将曲轴朝发动机旋转方向旋转到上止点,用曲轴止推片T10050将其锁定 |
| 58 | | 安装气缸盖罩 |
| 59 | | 拆下机油前向流管和排气增压涡轮支架 |
| 60 | | 安装多楔带 |
| 61 | | 安装其余附件 |
| 62 | | 加注冷却液 |
| 63 | | 加注发动机油 |

## 第二节　2.0L（CFFB）发动机

### 一、发动机常规数据（表8-5）

表8-5　发动机常规数据

| 序号 | 项目 | 规格 | 序号 | 项目 | 规格 |
|---|---|---|---|---|---|
| 1 | 曲轴齿轮皮带轮螺栓 | 120N·m+90° | 9 | 真空泵螺栓 | 10N·m |
| 2 | 前密封法兰螺栓 | 15N·m | 10 | 放油螺栓 | 30N·m |
| 3 | 飞轮螺栓 | 60N·m+90° | 11 | 油底壳螺栓 | 15N·m |
| 4 | 飞轮侧密封法兰 | 15N·m | 12 | 平衡轴模块螺栓 | M7：13N·m+继续拧紧90°<br>M8：20N·m+继续拧紧90° |
| 5 | 连杆轴承盖螺栓 | 30N·m+90° | | | |
| 6 | 曲轴轴承盖螺栓 | 65N·m+90° | | | |
| 7 | 蓄压器(油轨)螺栓 | 22N·m | | | |
| 8 | 气缸盖螺栓 | 第一级：35N·m<br>第二级：60N·m<br>第三级：拧紧90°<br>第四级：拧紧90° | 13 | 机油泵螺栓 | 9N·m |
| | | | 14 | 机油滤清器盖 | 25N·m |
| | | | 15 | 发动机机油冷却器 | 14N·m+90° |

### 二、发动机零部件拆装（表8-6~表8-9）

表8-6　真空泵拆卸和安装

| 序号 | 项目 | 内容 |
|---|---|---|
| 1 | | 拆卸左侧空气滤清器壳 |
| 2 | 拆卸真空泵 | 从真空泵2上拔下真空管1<br><br> |
| 3 | | 拧出增压空气管上的紧固螺栓 |
| 4 | | 向下略微按压增压空气管，以便可以够到真空泵的后侧螺栓连接 |
| 5 | | 从气缸盖上取下真空泵 |
| 6 | 安装真空泵 | 注意：<br>①注意真空泵连接器在凸轮轴上的位置是否正确<br>②必须更换密封圈 |
| 7 | | 安装真空泵，并将紧固螺栓用10N·m的力矩拧紧 |
| 8 | | 将制动助力器的真空管连接到真空泵上 |

表 8-7 机油泵的拆卸和安装

| 序号 | 项目 | 内容 |
| --- | --- | --- |
| 1 | 拆卸机油泵 | 拆下油底壳 |
| 2 | 拆卸机油泵 | 旋出螺栓(箭头)并取出油泵进气管 |
| 3 | 拆卸机油泵 | 用卡环钳拆下卡环 1<br>用磁铁 2 从油泵中拔出驱动轴(箭头)<br>旋出螺栓 3~5 并拆下油泵 |
| 4 | 安装机油泵 | 注意：<br>①更换 O 形环<br>②更换受损或拉伸过度的卡环<br>③卡环必须紧贴凹槽底部 |
| 5 | 安装机油泵 | 如果油泵中没有定位套(箭头)，则安装定位套 |
| 6 | 安装机油泵 | 如果平衡轴模块上没有用于机油泵定心的定位套，则安装定位套 |
| 7 | 安装机油泵 | 安装油底壳 |

表 8-8 平衡轴拆卸和安装

| 序号 | 项目 | 内容 |
| --- | --- | --- |
| 1 | 平衡轴拆卸和安装 | 拉出机油尺 |
| 2 | 平衡轴拆卸和安装 | 拆下曲轴皮带轮 |
| 3 | 平衡轴拆卸和安装 | 在齿形皮带轮螺栓上转动曲轴，直到曲轴位于"上止点" |
| 4 | 平衡轴拆卸和安装 | 曲轴用曲轴止推片 T10100 卡住 |

续表

| 序号 | 项目 | 内容 |
|---|---|---|
| 5 | 平衡轴拆卸和安装 | 齿形皮带轮2和曲轴止推片1上的标记必须相对(箭头)。此时曲轴止动块的销轴必须卡入密封法兰的孔内 |
| 6 | | 拆下油底壳 |
| 7 | | 按照8→1(或6→1)的顺序旋出螺栓并取下带8个(或6个)螺旋连接点的平衡轴模块 |
| 8 | | 注意：<br>①安装新平衡轴模块<br>②重新安装旧的平衡轴模块 |

表8-9 气缸盖拆卸和安装

| 序号 | 项目 | 内容 |
|---|---|---|
| 1 | 拆卸气缸盖 | 在关闭点火开关的情况下断开蓄电池接地带 |
| 2 | | 拆下发动机盖 |
| 3 | | 拆卸左侧空气滤清器壳 |
| 4 | | 拆下蓄电池和蓄电池支架 |
| 5 | | 拆下带有冷却器风扇V7和右侧冷却器风扇V35的空气导管护罩 |
| 6 | | 拆下增压空气冷却器上的连接软管(冷侧) |
| 7 | | 拆卸气缸盖罩 |
| 8 | | 拔下节气门控制单元J338-2的插头连接 |
| 9 | | 从机油尺连接处拧出螺栓 |
| 10 | | 拔下真空泵上的真空管 |

续表

| 序号 | 项目 | 内容 |
| --- | --- | --- |
| 11 | | 用撬杆撬出左空气导管上的电缆和软管 |
| 12 | | 松开软管夹,并取下左空气导管 |
| 13 | | 旋出螺栓(箭头)并取下脉冲缓冲器1 |
| 14 | | 拆卸曲轴皮带轮 |
| 15 | | 排放冷却液 |
| 16 | 拆卸气缸盖 | 脱开冷却液温度传感器3(G62)上的电气插头连接4<br>从连接管上拔下冷却液软管,为此松开软管夹1和2 |
| 17 | | 脱开油压开关F1的电气插头连接<br>拧出螺栓<br>拔下真空软管 |
| 18 | | 从支架中拔出并脱开电气插头连接 |
| 19 | | 露出废气增压器上的电线 |
| 20 | | 从增压空气管上拧出紧固螺栓,从增压压力传感器G31上脱开插头连接 |
| 21 | | 打开卡箍,露出冷却液软管,并取下增压空气管 |
| 22 | | 用工具头T10385拆卸废气再循环系统的连接管A |

续表

| 序号 | 项目 | 内容 |
| --- | --- | --- |
| 23 | 拆卸气缸盖 | 拧出锁紧螺母 2，然后拧出螺栓 1 |
| 24 | | 从后部齿形皮带护罩上旋出螺栓（箭头）<br>松开废气涡轮增压器和微尘滤清器之间的连接卡箍 |
| 25 | | 从气缸盖（箭头）的支架上拧下紧固螺栓，并将微尘滤清器压向一边 |
| 26 | | 脱开霍尔传感器 G40（箭头）的插头连接 |
| 27 | | 从凸轮轴中取下齿形皮带 |
| 28 | | 拆下凸轮轴的齿形皮带轮，用起拔器 T10052 将凸轮轴的轮毂拔下 |
| 29 | | 拧下齿形皮带张紧轮的紧固螺母 |

续表

| 序号 | 项目 | 内容 |
|---|---|---|
| 30 | 拆卸气缸盖 | 按1~10的顺序松开气缸盖螺栓 |
| 31 | | 注意：<br>取出气缸盖时，需要另一名技师帮忙<br>在撬出气缸盖时，从齿形皮带张紧轮上拔下双头螺栓，并从支座上拔下废气涡轮增压器的回油管 |
| 32 | | 首先，从变速箱侧抬起气缸盖，然后将其从齿形皮带护罩中穿出注意齿形皮带张紧轮不要掉落 |
| 33 | | 放下气缸盖，使回油管不会弯曲。必要时在排气歧管下方垫一个木块 |
| 34 | 安装气缸盖 | 注意：<br>①每次都要更换气缸盖螺栓<br>②维修气缸盖和气缸体时，仔细去除残余的密封剂。不要产生长的划伤或刮痕。使用砂纸时粒度不允许低于100目<br>③仔细去除润滑油渣和磨削碎屑<br>④即将安装前才可以打开包装，取出新的气缸盖密封件<br>⑤要非常小心地处理密封件。硅涂层或凸缘区域的损坏会导致泄漏 |
| 35 | | 在装上气缸盖前，取下曲轴止推片T10050，并沿发动机旋转方向的反方向回转曲轴，直至所有的活塞几乎均匀地位于上止点下方 |
| 36 | | 装上气缸盖密封件，而且标记朝上 |
| 37 | | 在定心时，将导向销3070拧入进气侧的外孔中 |
| 38 | | 注意：在装上气缸盖时，张紧轮必须插在双头螺栓上 |
| 39 | | 装上气缸盖，装入八个气缸盖螺栓并用手拧紧 |
| 40 | | 按如下所述分四步拧紧气缸盖（1用扭矩扳手预紧）<br>第1步：30N·m<br>第2步：50N·m<br>第3步：90°<br>第4步：90° |
| 41 | | 将后部齿形皮带罩固定在气缸盖上 |
| 42 | | 安装轮毂和凸轮轴正时齿轮 |
| 43 | | 用柴油喷射泵定位销3359锁定凸轮轴和高压泵 |

续表

| 序号 | 项目 | 内容 |
|---|---|---|
| 44 | 安装气缸盖 | 将曲轴朝发动机旋转方向旋转到上止点,用曲轴止推片 T10050 将其锁定 |
| 45 | | 放上齿形皮带 |
| 46 | | 安装气缸盖罩 |
| 47 | | 安装多楔带 |
| 48 | | 加注冷却液 |

# 第九章 长城车系

## 第一节 2.0L（GW4D20B）发动机

### 一、发动机常规数据（表9-1）

表9-1 发动机常规数据

| 序号 | 项目 | 规格 |
|---|---|---|
| 1 | 型式 | 直列、四缸、四冲程、水冷、直喷、电控高压共轨、增压柴油发动机 |
| 2 | 排量 | 1.996L |
| 3 | 缸径 | 83.1mm |
| 4 | 冲程 | 92mm |
| 5 | 额定功率/转速 | 100kW/4000r/min |
| 6 | 最大扭矩/转速 | 310N·m/1800～2800r/min |
| 7 | 最低稳定怠速 | (750±50)r/min |
| 8 | 压缩比 | 16.7∶1 |
| 9 | 最大净功率 | 95kW |
| 10 | 发动机润滑油 | 6.2L（换机油滤清器） |

### 二、发动机零部件拆装（表9-2～表9-7）

表9-2 发动机进气系统

| 序号 | 项目（对应下图） | 内容 |
|---|---|---|
| 1 | 1 | 空气滤清器上壳体 |
| 2 | 2 | 空气滤清器滤芯 |
| 3 | 3 | 空气滤清器下壳体总成 |
| 4 | 4 | 空气滤清器进气管 |
| 5 | 5 | 空气滤清器出气管 |
| 6 | 6 | 空气流量计 |

续表

| 序号 | 项目(对应下图) | 内容 |
|---|---|---|
| 7 | 7 | 发动机进气胶管 |
| 8 | 空气滤清器总成分解图 | |

表 9-3　空气滤清器滤芯的更换

| 序号 | 项目 | 内容 |
|---|---|---|
| 1 | 拆卸和安装空气滤清器滤芯 | 注意：<br>①任何进入进气通道的金属微粒都可能损坏发动机<br>②拆卸和安装进气系统零件时，应使用棉丝抹布、胶带或其他适当的材料封住拆下的零部件的开口和发动机开口<br>③安装进气系统零件时，检查并确认没有金属微粒进入发动机或安装的零件 |
| 2 | | 备注：空气滤清器滤芯要经常清洁，用加压的气流正面吹空气滤清器滤芯，这样就可以去除灰尘，保证进气流量，降低进气阻力，减少油耗 |
| 3 | | 拆下空气滤清器出气管与空气滤清器连接端<br>①松开空气滤清器出气管与空气滤清器连接端的蜗轮蜗杆环箍<br>②将空气滤清器出气管与空气滤清器分开<br>注意：用干净的绵丝抹布、胶带或其他适当的材料封住空气滤清器出气管口 |

续表

| 序号 | 项目 | 内容 |
|---|---|---|
| 4 | 拆卸和安装空气滤清器滤芯 | 拆下空气滤清器上壳体的步骤如下<br>①打开4个弹簧挂钩<br>②拆下空气滤清器上壳体 |
| 5 | | 按与拆卸相反的顺序安装 |

表9-4 发动机排气系统

| 序号 | 项目(对应下图) | 内容 |
|---|---|---|
| 1 | 1 | 催化转化器衬垫 |
| 2 | 2 | 氧催化转化器总成 |
| 3 | 3 | 催化器连接支架 |
| 4 | 4 | 催化器连接支架 |
| 5 | 5 | 消声器进排气管总成(一) |
| 6 | 6 | 消声器衬垫 |
| 7 | 7 | 三孔橡胶块 |
| 8 | 8 | 消声器进排气管总成(二) |
| 9 | 9 | 消声器总成 |
| 10 | 排气系统分解图 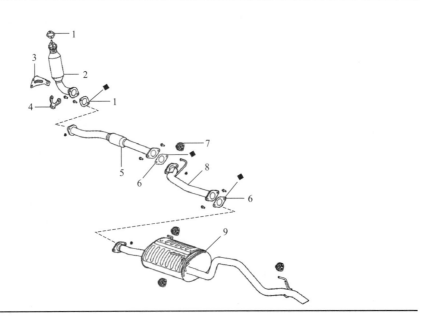 | |

表 9-5 排气管的更换

| 序号 | 项目 | 内容 |
|---|---|---|
| 1 | | 警告：排气系统所有零部件的拆卸都要求停车 30min 后进行，以免高温部件造成人员伤害 |
| 2 | 更换排气管 | 用工具拆下氧催化转化器总成 C 与排气弯管 A 的连接螺母，取下密封垫片 B |
| 3 | | 用工具拆下氧催化转化器总成 A 与消声器进排气管总成（一）C 的连接螺栓及螺母，取下密封垫片 B<br>拆下氧催化转化器总成 A |
| 4 | | 用工具拆下消声器进排气管总成（一）A 与消声器进排气管总成（二）C 的连接螺栓、螺母，取下密封垫片 B<br>拆下消声器进排气管总成（一）A<br>拆下消声器进排气管总成（二）C 后部的三孔橡胶块 |

续表

| 序号 | 项目 | 内容 |
|---|---|---|
| 5 | 更换排气管 | 用工具拆下消声器进排气管总成(二)A与消声器总成C的连接螺栓、螺母,取下密封垫片B |
| 6 | | 依次拆下消声器总成后部、前部和中部的三孔橡胶块,拆下消声器总成<br>警告:执行此项作业时要有专人托住消声器,以防其落下对操作者造成伤害 |
| 7 | | 按照与拆卸相反的顺序安装各零部件<br>注意:<br>①排气管总成距两侧各件间隙应大于15mm<br>②在三孔橡胶块安装孔内涂适量洗涤液,三孔橡胶块安装后应受力均匀<br>③氧催化转化器总成与发动机排气弯管连接螺母紧固力矩为(70±5)N·m<br>④其他部位拧紧力矩为(60±5)N·m |

表9-6 中冷器组成

| 序号 | 项目(对应下图) | 内容 |
|---|---|---|
| 1 | 1 | 中冷器总成 |
| 2 | 2 | 中冷器连接胶管(二) |
| 3 | 3 | 中冷器胶管连接支架 |
| 4 | 4 | 车身过孔胶片(一) |
| 5 | 5 | 中冷器连接胶管总成 |
| 6 | 6 | 中冷器连接硬管 |
| 7 | 7 | 中冷器连接胶管(三) |
| 8 | 8 | 中冷器连接胶管(一) |
| 9 | 9 | 车身过孔胶片(二) |
| 10 | 10 | 蜗轮蜗杆环箍 |
| 11 | 11 | 单管卡子 |

续表

| 序号 | 项目(对应下图) | 内容 |
|---|---|---|
| 12 | 中冷器系统分解图 | |

表 9-7 中冷器的更换

| 序号 | 项目 | 内容 |
|---|---|---|
| 1 | | |
| 2 | 更换中冷器 | 拆卸中冷器 A、中冷器连接胶管(一)C 与中冷器连接胶管(二)B<br>①松开中冷器连接胶管(二)与发动机进气弯管连接处的环箍,断开与发动机进气弯管的连接<br>②拆下前保险杠<br>③松开中冷器连接胶管(一)与中冷器胶管连接支架处的环箍,断开中冷器连接胶管(一)与中冷器胶管连接支架的连接<br>④拆卸中冷器总成与车身连接的 3 个螺栓<br>⑤拆下中冷器总成、中冷器连接胶管(一)及中冷器连接胶管(二) |
| 3 | | 拆卸中冷器连接胶管(三)、中冷器连接硬管、中冷器连接胶管(一)、中冷器连接胶管支架总成<br>①松开中冷器连接胶管(三)与发动机增压器连接处的蜗轮蜗杆环箍,拔出中冷器连接胶管(三)与发动机增压器相连接的一端<br>②松开中冷器连接胶管支架总成处的安装螺母,松开中冷器连接硬管与发电机固定的螺栓,同时取下中冷器连接胶管(三)、中冷器连接硬管、中冷器连接胶管(一)、中冷器连接胶管支架总成<br>③松开中冷器连接胶管(三)、中冷器连接硬管、中冷器连接胶管(一)、中冷器连接胶管支架总成各处蜗轮蜗杆环箍 |
| 4 | | 按照与拆卸相反的顺序安装 |

## 第二节　2.8L（GW2.8TC-2）发动机

发动机相关数据见表9-8～表9-12。

表9-8　发动机常规数据

| 序号 | 项目 | 规格 |
|---|---|---|
| 1 | 型式 | 直列四缸、四冲程、水冷、直喷、电控高压共轨、增压柴油发动机 |
| 2 | 排量 | 2.771L |
| 3 | 缸径 | 93mm |
| 4 | 冲程 | 102mm |
| 5 | 额定功率/转速 | 70kW/3600r/min（国Ⅲ）；72kW/3600r/min（国Ⅳ） |
| 6 | 最大扭矩/转速 | 225N·m/1600～2600r/min |
| 7 | 最低稳定怠速 | (700±30)r/min |
| 8 | 压缩比 | 17.2∶1 |
| 9 | 最大净功率 | 68kW（国Ⅲ）；70（国Ⅳ）kW |
| 10 | 发动机润滑油 | 5.5L（换机油滤清器） |

表9-9　发动机进气系统

| 序号 | 项目（对应下图） | 内容 | 序号 | 项目（对应下图） | 内容 |
|---|---|---|---|---|---|
| 1 | 1 | 空气滤清器上壳体 | 5 | 5 | 空气滤清器进气管 |
| 2 | 2 | 空气滤清器出气管 | 6 | 6 | 空气滤清器下壳体 |
| 3 | 3 | 空气流量传感器 | 7 | 7 | 空气滤清器滤芯总成 |
| 4 | 4 | 发动机进气胶管 | | | |
| 8 | 进气系统分解图 | | | | |

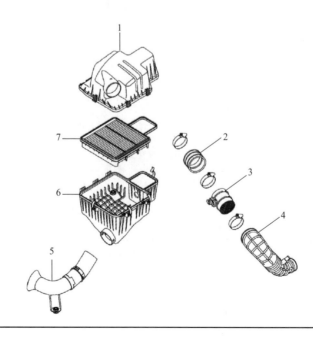

表 9-10 空气滤清器的更换

| 序号 | 内容 | 序号 | 内容 |
|---|---|---|---|
| 1 | 拆下空气滤清器出气管与空气滤清器连接端<br>①松开空气滤清器出气管与空气滤清器连接端的蜗轮蜗杆环箍<br>②将空气滤清器出气管与空气滤清器分开<br>注意:用干净的丝绵抹布、胶带或其他适当的材料封住空气滤清器出气管口 | 2 | 拆下空气滤清器上壳体<br>①打开4个弹簧挂钩<br>②拆下空气滤清器上壳体 |
|  |  | 3 | 取出空气滤清器滤芯并更换 |

表 9-11 发动机排气系统

| 序号 | 项目(对应下图) | 内容 | 序号 | 项目(对应下图) | 内容 |
|---|---|---|---|---|---|
| 1 | 1 | 催化器连接管垫 | 6 | 6 | 消声器衬垫 |
| 2 | 2 | 氧催化转化器总成 | 7 | 7 | 消声器总成 |
| 3 | 3 | 消声器进排气管总成(一) | 8 | 8 | 三孔橡胶块 |
| 4 | 4 | 催化转化器衬垫 | 9 | 9 | 催化器连接支架(一) |
| 5 | 5 | 消声器进排气管总成(二) | 10 | 10 | 催化器连接支架(二) |
| 11 | 进气系统分解图 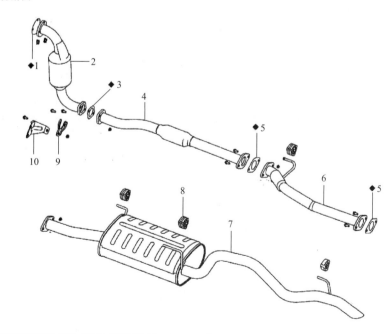 | | | | |

表 9-12 排气系统的拆卸和安装

| 序号 | 内容 | 序号 | 内容 |
|---|---|---|---|
| 1 | 用工具拆下氧催化转化器总成 C 与排气弯管 A 的连接螺母,取下密封垫片 B | 4 | 用工具拆下消声器进排气管总成(二)A 与消声器总成 C 的连接螺栓、螺母,取下密封垫片 B |
| 2 | 用工具拆下氧催化转化器总成 A 与消声器进排气管总成(一)C 的连接螺栓及螺母,取下密封垫片 B<br>拆下氧催化转化器总成 A | 5 | 依次拆下消声器总成后部、前部和中部的三孔橡胶块,拆下消声器总成 |
| 3 | 用工具拆下消声器进排气管总成(一)A 与消声器进排气管总成(二)C 的连接螺栓、螺母,取下密封垫片 B<br>拆下消声器进排气管总成(一)A<br>拆下消声器进排气管总成(二)C 后部的三孔橡胶块 | 6 | 按照与拆卸相反的顺序安装各零部件<br>注意:<br>①排气管总成距两侧各件间隙应大于 15mm<br>②在三孔橡胶块安装孔内涂适量洗涤液,三孔橡胶块安装后应受力均匀<br>③氧催化转化器总成与发动机排气弯管连接螺母紧固力矩为(70±5)N·m<br>④其他部位拧紧力矩为(60±5)N·m |